運命の数字

Destiny Codeで すべてがわかる スゴい占い

code

produce by イヴルルド遙華

日本文芸社

はじめに

チャンスを逃さず未来を変えよう

お金がほしい……。儲けたい……。
自分に合う仕事に就きたい……。仕事で成功したい……。
大恋愛がしたい……。モテたい……。結婚したい……。
何かを変えたい……。変わりたい……。

人には男女問わず、たくさんの欲求があります。
しかし、ただ望んでいるだけでは願いは叶いません。
成功者になるには、チャンスを逃さないことが大切なのです。

本書の「Destiny Code占い」で、
あなたの良い時期はもちろん、悪い時期もわかります。
自分の性格、自分に合った職業、自分の恋愛傾向、
お金の使い方についても、わかることでしょう。
8ページで自分のDestiny Codeのナンバーがわかったら、
気になる項目から、チェックしてみてください。
どこから読んだって大丈夫。
あなたへの必要なメッセージが、そこに書かれているはずです。

Code

Destiny Codeですべてがわかるスゴい占い もくじ

はじめに チャンスを逃さず未来を変えよう …… 2

「占いを見る前に!」自分のDestiny Codeを知ろう …… 8

第1章 あなたの性格チェック

あなたの「本質」を知る …… 10
あなたの「人気者」度は? …… 12
あなたはどっち?「天才型」or「努力型」 …… 14
あなたの「愛され」度は? …… 16
あなたの「オシャレ」度は? …… 18
あなたはどっち?「ボケ」or「ツッコミ」 …… 20
あなたの「潔癖」度は? …… 22
あなたの「コミュ力」度は? …… 24
あなたの性格の傾向は? …… 26
あなたのSNSの傾向は? …… 28
あなたのコンプレックスは? …… 30
あなたの合う趣味・合わない趣味 …… 32
あなたに合う同性の友達 …… 34

第2章 あなたの仕事チェック

あなたに向いている職種 …… 38
あなたの「出世」度は？ …… 40
あなたの「世渡り上手」度は？ …… 42
あなたの「忍耐」度は？ …… 44
あなたの立ち回りポジション …… 46
あなたの「仕事大好き」度は？ …… 48
あなたの仕事の成功チャンス …… 50
あなたの仕事の失敗パターン …… 52
あなたの仕事のパートナーになる人は？ …… 54
あなたの転職のススメ …… 56

第3章 あなたの恋愛チェック

あなたの理想の相手は？ …… 60
あなたにピッタリ合う相手は？ …… 62
あなたの「モテ」度は？ …… 64
あなたの「性欲」度は？ …… 66
あなたのSEXの傾向は？ …… 68
あなたのフェチは？ …… 70
あなたの「束縛」度＆「束縛されたい」度 …… 72
あなたの「恋愛脳」度は？ …… 74
あなたの「浮気」度は？ …… 76
あなたへの恋愛格言 …… 78
あなたの結婚について …… 80
あなたの結婚の時期は？ …… 82
あなたの離婚の危機は？ …… 84
あなたの恋愛失敗パターン …… 86

第4章 あなたの金運チェック

あなたはお金持ちになれるか？ …………… 90
あなたのお金の使い方は？ …………… 92
一攫千金のチャンス！お金めぐりの良い時期 …………… 94
あなたのお金に苦労する時期 …………… 96
あなたのお金のトラブルは？ …………… 98

第5章 あなたの総合運チェック

あなたの全体運〜良い時期＆悪い時期〜 …… 102
Destiny Code1［チャレンジャー］ …………… 104
Destiny Code2［マジシャン］ …………… 106
Destiny Code3［ティーチャー］ …………… 108
Destiny Code4［クイーン］ …………… 110
Destiny Code5［キング］ …………… 112
Destiny Code6［メッセンジャー］ …………… 114
Destiny Code7［ラバー］ …………… 116
Destiny Code8［ファイター］ …………… 118
Destiny Code9［バランサー］ …………… 120

第6章 未来は明るい！開運スペシャル

あなたのラッキーカラーは？ … 124
あなたのラッキーマークは？ … 126
あなたのラッキーアクションは？ … 128
あなたのラッキーアイテムは？ … 130
あなたのラッキーフードは？ … 132
あなたのラッキーインテリアは？ … 134
あなたのラッキーファッションは？ … 136
あなたのラッキースポットは？ … 138
あなたのラッキーな旅先は？ … 140
あなたのラッキーストーンは？ … 142
あなたのラッキーハーブは？ … 144
あなたのラッキーチャンス時期は？ … 146
あなたの恋愛運アップファッション … 148
あなたへのサクセスキーワードは？ … 150
あなたの仕事運アップの小物使い … 152
あなたの金運アップの財布は？ … 154
あなたに送る開運メッセージ … 156

◎あとがき … 158

コラム
SNSでまるわかり！ モテるorモテない行動パターン

① LINE編 … 36
② Twitter編 … 58
③ インスタグラム編 … 88
④ 飲み会編 … 100
⑤ ビジネス編 … 122

[占いを見る前に！]
自分のDestiny Codeを知ろう

自分の生年月日から、Destiny Codeを導き出しましょう。
計算ミスがないように、電卓を使うと良いでしょう。

①自分の生年月日をあらわします
〈例1〉2001年3月1日　〈例2〉1980年12月8日

②生年月日を1ケタにして足し算します
〈例1〉2+0+0+1+3+1=7
〈例2〉1+9+8+0+1+2+8=29

③数字が1ケタになるまで足します
〈例1〉（計算はありません）　〈例2〉2+9=11 →1+1=2

④最後に出た1ケタの数字が
あなたのDestiny Codeナンバーです
〈例1〉Destiny Code 7　〈例2〉Destiny Code 2

9つのDestiny Codeのキャラクター

Destiny Code	キャラクター	説明
1	チャレンジャー	正直な挑戦者
2	マジシャン	ミラクル魔術師
3	ティーチャー	思慮深い知識人
4	クイーン	「持っている」女帝
5	キング	運をつかみ取る王者
6	メッセンジャー	思いやりの伝達師
7	ラバー	愛に生きる人
8	ファイター	ストイックな努力人
9	バランサー	バランス感覚人

第1章

あなたの性格チェック

自分のDestiny Codeナンバーはわかりましたか？
第1章では、あなたの性格について分析します。ま
ずは次のページを見て、性格の要となる本質から
チェックしましょう。

あなたの「本質」を知る

第1章 性格 あなたの「本質」を知る

性格において最も根本となるもの。まずは自分のDestiny Codeから、あなたの「本質」を探りましょう。不変の「本質」を知ることで、自分を見つめ直すきっかけにつながるはず。

Destiny Code 1 チャレンジャー

- 無き道を切り開く開拓者
- 行動力が夢を叶えるキーワード
- 白黒はっきりつけたいタイプ

他人の引いたレールより、自分の信じた道を突き進む。何かにトライし続けることで人生が豊かになります。好きなことには一直線ですが、熱しやすく飽きやすい面も。プライドが高く負けず嫌いです。

Destiny Code 2 マジシャン

- 理想を現実にする力を持つ
- 引き寄せ力ナンバーワン
- 感性豊かなアイディアマン

独特の世界観を持つあなたは、天性のセンスが光るアーティスティックタイプ。感性を活かした仕事に就くことで、大きく飛躍できます。何かに迷ったときは、自分の直感を信じて突き進みましょう。

Destiny Code 3 ティーチャー

- 気品溢れるマルチプレーヤー
- 学びが幸運を引き寄せる
- 真面目で努力家タイプ

好奇心旺盛で、頭の回転が早くコミュニケーションも上手。知識と経験が自分を高めていくので、何事も学ぶ姿勢で挑むと運気が上昇。現実主義者で、浮ついた夢を見ずに堅実な人生が歩めます。

Destiny Code 4 クイーン

- 生まれながらの女王
- 愛とお金、どちらも手にする
- 周囲を惹きつける存在感

女王気質のあなたは、我慢の生活で運気を落とすだけ。妥協を許さず高い理想を持つことで、愛もお金も手にできます。リーダー気質でまとめ役になることも。女性をターゲットにした職業が吉。

第1章 性格 あなたの「本質」を知る

Destiny Code 6 メッセンジャー

- 人と人とをつなぐ存在
- 知識や経験を発信していく
- 言葉で人を惹きつける

カリスマ性あふれるアドバイザーで、気配り上手な平和主義。あなたの言葉は人を惹きつける力があるので、年上年下関係なく誰もが耳を傾けるでしょう。頼れるサポート役として一目おかれます。

Destiny Code 5 キング

- 成功できる星の持ち主
- 我慢も遠慮も必要ナシ
- お金とステータスに縁アリ

男女関係なく成功を手にできるタイプ。芯があってブレないその精神が、男性なら出世街道一直線、女性は仕事のできるキャリアウーマンとして、みんなの憧れの存在に。束縛されることは嫌います。

Destiny Code 7 ラバー

- THE アイドル
- 恋することで誰よりも輝く
- 恋愛で人生が大きく変わる

ロマンティストな恋愛体質で、気持ちに嘘をつけないピュアな人。愛するよりも愛されるほうが運気上昇。ハードワークは苦手なので、華やかな職業の中で、人当たりの良さを武器にしましょう。

Destiny Code 9 バランサー

- 数字の2がキーワード
- 人より多くのチャンスを掴める
- 視野を広げると可能性は無限大

多才でエネルギッシュ。なんでもできるマルチなタイプ。大胆かつ繊細さも持ち合わせ、男女関係なく誰とでもフレンドリーにつき合えます。面倒見がよく、みんなのフォロー役もこなせるでしょう。

Destiny Code 8 ファイター

- どんな逆境も乗り越えられる
- 努力で大成功を収める
- 向上心が強いカリスマタイプ

正義感が強く、誰よりもストイックな努力の人。夢や目標ができるとさらに猪突猛進します。全力で頑張ることで成功を勝ち取りますが、こだわりが強すぎて時間がかかったり理解されないことも。

あなたの「人気者」度は?

あなたの「人気者」度はどのくらい? また、あなたのどのような部分が人気につながっているのか。人から見たときの、自分の人気ぶりを知りましょう。

第1章 性格 あなたの「人気者」度は?

Destiny Code 2 マジシャン

人気者度 ★★★★☆

人と違う魅力で注目を浴びる

感性が鋭く、ほかの人にはない発想や世界観が魅力的なあなた。個性的でオリジナリティあふれる面を、周りは尊敬します。建前が苦手なため、目上の人から反感を買ってしまうことも。

Destiny Code 1 チャレンジャー

人気者度 ★★★★★

立ち向かう姿が周囲を巻き込んでいく

何かに集中して頑張っているときが、1番輝くとき。周りに合わせるより独自に進むカリスマタイプなだけに、人への好き嫌いはハッキリ。だからこそ周りからの人気も極端に差が出るでしょう。

Destiny Code 4 クイーン

人気者度 ★★★★★

周囲をまとめるカリスマ。生まれもった人気者

典型的なリーダー気質で母性も強く、人から頼られる存在。影響力も高めで、いつでもどこでも注目の的に。ファションや何気なく使っている言葉が周囲でブームになるなど、話題の中心。

Destiny Code 3 ティーチャー

人気者度 ★★★★★

知的な気品が男女問わず尊敬される

空気が読めてサポート上手。つい求められている自分を演じてしまい、他人を優先しすぎて疲れてしまわないように要注意。自分からグイグイ行くのは苦手で、人の陰に埋もれてしまうことも。

第1章 性格 — あなたの「人気者」度は?

Destiny Code 6 — メッセンジャー
人気者度 ★★★★☆

**ホスピタリティ精神高めの
ムードメーカー**

人の喜ぶ顔を見るのが好きで、サービス精神も旺盛。話し上手で聞き上手なあなたは、礼儀正しく周囲からの信頼が厚いタイプ。誰からも好感を得られますが、人見知りな面もあり警戒心も強めです。

Destiny Code 5 — キング
人気者度 ★★★★★

**人を夢中にさせる
影響力の持ち主**

自信に満ちあふれ、憧れの的のあなた。周囲を引っ張る力を持ち、気前も良いので自然と人が集まります。人から好かれても好き嫌いがハッキリしているため、親しくしたい人だけに近づきます。

Destiny Code 7 — ラバー
人気者度 ★★★★★

**人あたりの良さで
周囲の心をキャッチ**

色っぽさを持ち、愛され上手なタイプ。愛情深いあなたは、誰にでも平等に接することができます。魅力に惹きつけられる人が多くいる一方で、嫉妬からの反感も買いやすいので要注意。

Destiny Code 9 — バランサー
人気者度 ★★★★★

**平等で中立。
みんなのまとめ役**

誰にでもフレンドリーだけど、何を考えているか分からないミステリアスな面も持つあなた。常に平等で、みんなからの信頼も厚いです。人のために行動できるので、幅広い交友関係を持つでしょう。

Destiny Code 8 — ファイター
人気者度 ★★★★☆

**正義感と強気な姿勢は
みんなの憧れ**

向上心が強く、妥協しない強気な姿勢を貫くあなた。根っからのスター性があるため、周囲からの人気も高いでしょう。ただし、上辺の付き合いは苦手なため、本当の友達だけと交流します。

あなたはどっち？「天才型」or「努力型」

第1章 性格 あなたはどっち？「天才型」or「努力型」

あなたはひらめきタイプの「天才型」？ それともコツコツタイプの「努力型」？ 自分のタイプや傾向を知って、物事への取り組み方に役立てましょう。

Destiny Code 2 マジシャン

天才型

アッと驚くような ひらめきの持ち主

直感力に優れ、人にはない感性の持ち主。生まれつきクリエイティブな才能に恵まれている人です。イメージがそのまま現実になりがちなので、いつでも気持ちをハッピーに保ちましょう。

Destiny Code 1 チャレンジャー

努力型

エネルギッシュな 努力の人

実力で夢を叶えていく努力の人。好きなことに対してエネルギッシュであり、その道において大成功を収めるでしょう。ハングリー精神があり、どんな困難も乗り越えるポテンシャルを持ちます。

Destiny Code 4 クイーン

天才型

羨ましいくらいの 強運体質

生まれながらのラッキー体質。欲しいものは自然とあなたの元に集まります。引き寄せる力だけでなく、自分の力で成功を掴むポテンシャルも持ち合わせているので、成功しやすい人です。

Destiny Code 3 ティーチャー

努力型

コツコツと力をつける 大器晩成型

知識や経験を積むことでどんどん味が出てくるタイプ。知的好奇心が旺盛で学ぶことが好きなあなた。蓄えた知識はすべてあなたの糧になります。若い頃からの努力は、歳を重ねて花開くでしょう。

第1章 性格 あなたはどっち?「天才型」or「努力型」

Destiny Code 6 メッセンジャー
努力型
人の期待には努力で応える

自分が前に出て目立つよりも、サポート役を好む優等生タイプ。皆が苦手な地道な作業も得意で、経験や実績を丁寧に積み上げていきます。歳を重ねるごとに魅力的に輝いていくことでしょう。

Destiny Code 5 キング
努力型
自分を信じて進めばどんなことも実現可能

自分から運を掴み取る力を持つあなたは、まさに王者。決して諦めないタフさを持ち、負けん気の強さと実直な性格から、夢を実現していきます。目標は高ければ高いほど良いでしょう。

Destiny Code 7 ラバー
天才型
人とのつながりや縁から成功を収める

無理に努力するよりも、自分が好きなことに向かうことで才能が開花。持ち前の人を惹きつける魅力は、サポートを受けやすいはず。人とのつながりを大切にすることが、成功のカギに。

Destiny Code 9 バランサー
天才型
あなたの個性は唯一無二

多くの才能を持つあなたは、正反対の異なるジャンルでも両方の成功を呼び寄せる人。本能のまま感覚で生きることで、チャンスを掴みます。スピリチュアルな世界にも縁があるタイプです。

Destiny Code 8 ファイター
努力型
ストイックなあなたに努力はマスト

ファイターという名の通り、戦ってぶつかって結果を出すタイプ。根気と努力の姿勢は、あなたの運気を上昇させます。ひとつのことを極めることでスペシャルな存在になれるでしょう。

あなたの「愛され」度は？

> 「愛され」系のタイプは、老若男女問わず、誰からも好かれるため、人生において何かと得をするのは間違いない。ここでは、あなたの「愛され」度をチェック！

第1章　性格　あなたの「愛され」度は？

Destiny Code 2　マジシャン

愛され度 ★★★★☆

ミステリアスな面が人を惹きつける

独特の世界観を持つあなたのファンは多いはず。一見、何を考えているのかわからないようなところも、アーティスティックな感性として、多くの人が夢中に。見初められて玉の輿、なんてことも。

Destiny Code 1　チャレンジャー

愛され度 ★★★★☆

愛されるより愛するタイプ

自分から誰かを愛するときのほうが、燃えるタイプです。一途に相手を思い続け、激しい情愛で愛を貫きます。たとえ誰かから好意を抱かれても、興味がない相手には無関心を通すでしょう。

Destiny Code 4　クイーン

愛され度 ★★★★★

愛が返ってくるのは当然。物語のお姫様タイプ

誰かを好きになると、とにかく相手に伝えないと気が済まないあなた。異性を守りたい願望も強いので、自分からリードして愛を勝ち取ります。自然と愛があなたの元に集まる最高のナンバーです。

Destiny Code 3　ティーチャー

愛され度 ★★★☆☆

誰からも好かれるけど友達止まり!?

奥手なため、愛されたいけど良い人がいないなら一人を好むタイプです。壁を作らず、異性とも気さくに話したり、真面目なところはいいのですが、その分良い友達で止まって恋愛に発展しにくい面も。

第1章 性格 あなたの「愛され」度は?

Destiny Code 6 — メッセンジャー
愛され度 ★★★★☆

愛されても
そのことに気づかない

自分からのアプローチは苦手な上、人から愛されても、ハッキリしない口説かれ方だと好意に気がつかないタイプ。あなたの懐の深さを好きになってくれる人は必ずいるので、それに気づきましょう。

Destiny Code 5 — キング
愛され度 ★★★★★

愛されやすいけど
愛さなければNO

魅力的な人が多く、異性からも口説かれやすいのですが、自分が好きにならないとキッパリ断るタイプ。ネチネチした人間関係は苦手で、自分が引っ張っていくといった恋愛傾向にあります。

Destiny Code 7 — ラバー
愛され度 ★★★★★

愛されたい願望
ナンバーワン

「愛される」ことこそ人生において一番のキーワード。あなたを甘やかしてくれるような人や環境を常に探します。実際、愛がないと人生満たされないので、どんどん愛し愛されてください。

Destiny Code 9 — バランサー
愛され度 ★★★★★

ふたつの顔を持つ
魅力あふれる人

受け取る愛も多いのですが、それ以上に与える愛のほうが多いタイプ。人をお世話したり育てたり、慈愛の精神にあふれています。好きな相手にはすぐアプローチしますが、あまのじゃくな一面も。

Destiny Code 8 — ファイター
愛され度 ★★★★★

個性が強く、
理解されにくい一面も

全員に好かれなくとも自分の好きな人だけに理解されればそれで良いという考えのあなた。好きになると一途なので、短い恋を繰り返すよりも長く深いつき合いを好みます。実はツンデレ気質。

あなたの「オシャレ」度は?

どんなに顔面偏差値が高くても、ダサかったり身だしなみがなってないと、残念な人にしか見えません。ここではあなたの「オシャレ」度を知って、服装などの傾向を知りましょう。

第1章 性格 あなたの「オシャレ」度は?

Destiny Code 2 マジシャン
オシャレ度 ★★★★★

独特の個性で自分なりの着こなし

個性が強すぎて一般的には理解されにくいけど、頭の先から足元までしっかりこだわり抜いたスタイル。トレンドをほどよく取り入れ、自分なりの着こなしで勝負する人です。カラフル好き。

Destiny Code 1 チャレンジャー
オシャレ度 ★★★★★

身だしなみにはちょっとルーズ

多少の好みはあっても、服装にそこまでこだわりも執着もないタイプ。ただし、好きなアイテムはボロボロになるまで使い続けて、また同じものを買うことも多い。着心地の良いものが好き。

Destiny Code 4 クイーン
オシャレ度 ★★★★★

ブランド大好き。人よりもゴージャスに

華やかなファッションが大好きで、わかりやすいブランド志向。ジュエリーや時計といった、煌びやかなものが好き。人よりもゴージャスでいたい欲求も。男性でも女子度が高めな服装を好みます。

Destiny Code 3 ティーチャー
オシャレ度 ★★★★★

清潔感のある王道スタイル

露出は少なく、どこか気品にあふれていて隙がない。男女共に清潔感のある王道スタイル。男性ならジャケット、女性ならブラウスといった、きちんと感のある服を好む。色気より機能性で選びがち。

第1章　性格　あなたの「オシャレ」度は？

Destiny Code 6
メッセンジャー

オシャレ度 ★★★★★★

エレガントで清楚なスタイル

ファッションには清潔感やエレガントさを求めるため、色合いによっては地味にまとまりやすい傾向が。ただしセンスはあるほうなので、異性よりも同性に受けが良いスタイルに。

Destiny Code 5
キング

オシャレ度 ★★★★★★

流行をいち早くキャッチ ハイブランド好き

異性の目より自分の好きなものを着るスタイル。特に女性は男性に媚びるような服装はせず、自分の好きなものを選ぶ傾向が。誰もが知っているわかりやすいブランドを好み、気に入れば大人買いも。

Destiny Code 7
ラバー

オシャレ度 ★★★★★

服装やテイストが大きく変化

付き合う相手や流行で服装を大幅にチェンジ。その都度テイストがコロコロ変わる。女性はフェミニン＆女子度高めの服装を好む。男女共にオシャレに敏感で、最新スタイルを取り入れていく。

Destiny Code 9
バランサー

オシャレ度 ★★★★★

こだわりの上質な製品を愛する

自分の魅せ方を知っていて、服装もまとめ上手。上質なものやこだわって作られたもの、たとえばオーガニック素材などに惹かれる。フェアトレードや売上の一部が寄付につながるようなものも好き。

Destiny Code 8
ファイター

オシャレ度 ★★★★★★

流行りには乗らないスタイルが確立

好きなものに対してのこだわりが強く、スタイルが常に決まっている。流行りや人の意見には流されない信念を持ち、近づきにくいオーラも。女性の場合は女性らしさが少なめのファッションを好む。

あなたはどっち?「ボケ」or「ツッコミ」

あなたは性格的に「ボケ」タイプ? それとも「ツッコミ」タイプ? 「ボケ」タイプはみんなを和ませるムードがあり、「ツッコミ」タイプなら頭の回転が早い人でしょう。

第1章 性格 ― あなたはどっち?「ボケ」or「ツッコミ」

Destiny Code 2 マジシャン

ボケ タイプ

**天然ボケの
ド天才**

まったく狙っていなくても、笑いを取れる天然ボケのスペシャリスト。マイペースな上、頭で考えたことを主語抜きで直感的に話すこともあるので、会話が噛み合わないときもしばしば。

Destiny Code 1 チャレンジャー

ツッコミ タイプ

**勢いあふれる
ツッコミで笑いに**

決断力がボケに対しても瞬時に対応。天然ボケに対しても細かく拾って笑いに変えます。面倒見がいいので、場になじんでいない人がいると、わざといじって周りに溶け込ませようと頑張ります。

Destiny Code 4 クイーン

ツッコミ タイプ

**愛のある
ツッコミが冴える**

細かいところまで気付く性格は、誰かのボケにもしっかり反応。愛情たっぷりに相手にツッコミます。また、うっかりミスなどの間違いも見逃しません。自分の思い通りに場をコントロールします。

Destiny Code 3 ティーチャー

ボケ&ツッコミ タイプ

**ボケとツッコミの
二刀流**

頭の回転が早く、その場に応じてどちらにも対応。基本はツッコミが得意ですが、おっちょこちょいな面から大ボケをかますことも。普段しっかり者なだけに、あなたのボケは好印象に繋がります。

第1章 性格 — あなたはどっち?「ボケ」or「ツッコミ」

Destiny Code 6
メッセンジャー
ツッコミ タイプ

まさにその通り！ 的確すぎるツッコミ

笑いのセンスがピカイチなので、会話の中でも的確なツッコミを誰よりも早く拾うタイプ。頭脳明晰ですが、ときに大ボケをかまします。都合の悪いことは無かったことにするといったずる賢さも。

Destiny Code 5
キング
ツッコミ タイプ

無慈悲な 鋭いツッコミ

ストレートな性格から、思ったことをバンバン口に出すツッコミタイプ。プライドが高く、ボケていじられることを嫌います。たとえ自分のミスだとしても、それを覆す勢いを持っています。

Destiny Code 7
ラバー
ボケ タイプ

ツッコまれることで 愛される

ピュアで人を傷つけられないあなたは、性格上いじられることが多くなります。イジメといじりの違いがわからないところも。トンデモ系の嘘も信じやすいタイプなので、詐欺には気をつけて。

Destiny Code 9
バランサー
ボケ タイプ

ボケか本気か わからない

フレンドリーで人当たりがいいので、ツッコミを受けやすい。何を言っているのかわからないことも多く、人からすればどうしてもツッコミざるをえない。「不思議マイワールド」で生きる人です。

Destiny Code 8
ファイター
ツッコミ タイプ

切れ味鋭い 強めのツッコミ

完璧主義のため人の欠点が目に付きやすく、気持ちがハッキリしているから口にも出やすい。つい口調強めにツッコミを入れることも多く、怖がられる場合も。反発する相手とはとことん戦います。

あなたの「潔癖」度は？

あなたの「潔癖」度はどのくらい？ 潔癖度の高い人ほど、キレイ好きでちょっと頑固。低い人ほど、片付けられないルーズな人といった傾向があるでしょう。

Destiny Code 2 マジシャン

潔癖度 ★★★★☆

自分のこだわり以外は気にしない

基本的に他人のことが気にならないタイプ。その代わり、自分の大切なものには絶対に触れてほしくないといった潔癖ぶりをみせます。大切なもの以外なら何に触れられても構わない人です。

Destiny Code 1 チャレンジャー

潔癖度 ★★★★★

好きな人のものだけ触れたい

苦手な人のものはできるだけ触りたくないため、好きな人のものだけに心を許して触れることができます。物が散乱して人から汚いと言われても、自分なりのこだわりの配置なので気にしません。

Destiny Code 4 クイーン

潔癖度 ★★★★★

華やかさから汚れはNG

「華やかさ」がキーワードのクイーンには、汚れやガサツさはまったく似合わない。男女共にトレンドに敏感なので、お掃除ロボットなどを活用し、モデルルームのような部屋での生活を好みます。

Destiny Code 3 ティーチャー

潔癖度 ★★★★★

キレイ好きで美しいもの好き

キッチリしていたいので、汚いところが目につくタイプ。美しいものを好むため、部屋のインテリアにもこだわって配置します。キレイ好きで、部屋や机周りはいつでも片付いています。

第1章 性格 — あなたの「潔癖」度は？

Destiny Code 6 メッセンジャー
潔癖度 ★★★★☆

**美意識が強く
きちんとしたい**

若干完璧主義気味のあなた。美意識が強く、清潔で整然とした状態を好みます。些細なことを気にしてしまい、大掃除では細かい部分ばかり掃除して、色々引っ張り出しては全体が片付かない場合も。

Destiny Code 5 キング
潔癖度 ★★★☆☆

**小さいことは
気にしない**

男女ともに男っぽい性格から、細かい部分は気にならない。自分自身も大雑把なところがあるため、多少なら部屋が乱雑でも平気なタイプ。最低限片付いていれば良いと考えます。

Destiny Code 7 ラバー
潔癖度 ★★★★★

**見た目は満点！
でも中身は……**

愛を司るナンバーに不潔さはＮＧ。見え方を人一倍気にするため、見えていない部分、引き出しの中やカバンの中、ポーチや財布の中がぐちゃぐちゃになっていたりすることも。整理整頓は苦手です。

Destiny Code 9 バランサー
潔癖度 ★★★☆☆

**綺麗でも汚くても
なんでも受け入れる**

人類皆兄弟というようなピースフルな人が多く、なんでも受け入れる気持ちが強い。そのため、綺麗でも汚くてもどっちでもＯＫ。人はもちろん、ペットと関わることも好きで、匂いも大丈夫です。

Destiny Code 8 ファイター
潔癖度 ★★★★★

**食べ物などの
こだわり強し**

自分のこだわりが強く、納得したものしか周りに置きたくないタイプ。食べ物でも変な成分が入ってないか細かくチェックし、そういったうんちくを話すのが大好き。身の回りは清潔に保てる人です。

あなたの「コミュ力」度は?

「コミュ力」とはコミュニケーション能力のこと。「コミュ力」が高いほど、相手が誰でも上手に話すことができます。自分の「コミュ力」を知っておくと、仕事にも有利に働くでしょう。

第1章 性格 あなたの「コミュ力」度は?

Destiny Code 2 マジシャン

コミュ力度 ★★★☆☆

マイペースゆえに人とは合わない

一対一での会話はいいけれど、集団に紛れると埋もれてしまい、あなたの良さは半減。マイペースで人に合わせるのは苦手です。あなたを理解してくれる相手とは、深く長くつき合えるでしょう。

Destiny Code 1 チャレンジャー

コミュ力度 ★★★★☆

人当たりは良いが実は色々考えている

好きな人と嫌いな人がハッキリしていて、初対面でそれを感じとってしまうタイプ。人を喜ばせることが好きで、ひょうきんなところがあり、人気者になれますが、つき合う相手は選ぶ人です。

Destiny Code 4 クイーン

コミュ力度 ★★★★☆

みんなの中心でまとめて面倒をみる

グループの中心的存在のため、みんなの話をまとめる力はピカイチ。面倒見が良いので周囲から頼られることが多く、アドバイスするのにも慣れています。その代わり、自分の話も聞いてほしいと強く願います。

Destiny Code 3 ティーチャー

コミュ力度 ★★★★★

老若男女問わずで仲良くなれる

持ち前のトークセンスから、どんな人とも仲良くなれるスキルの持ち主。話すことが好きだし、話の引き出しも多くあります。人に対しても興味を示しやすいので、世代や性別を超えて仲良くなれる人です。

第1章 性格 あなたの「コミュ力」度は?

Destiny Code 6 メッセンジャー

コミュ力度 ★★★★★

話し&聞き上手な コミュ力モンスター

伝えることが得意なメッセンジャーだからこそ、コミュニケーション能力ナンバー1。話し上手で聞き上手でもある、話術の達人です。義理人情にも厚く、会話や人脈の中から幸運がどんどん舞い込みます。

Destiny Code 5 キング

コミュ力度 ★★★★★

卑劣な陰口を嫌い、 考えは明確に伝える

チームトップに立つ存在ゆえに考えがハッキリしている分、相手にも伝わりやすい。同性異性問わず、会話に乗っかることができます。陰口を叩くことを嫌い、何か問題があれば直接本人と話す人です。

Destiny Code 7 ラバー

コミュ力度 ★★★★★

愛嬌があり好かれるが 八方美人に思われることも

物腰が柔らかく、誰とでも仲良くなれる人。愛嬌があって、自然とあなたは好かれます。ただ、八方美人と捉える人もいるので要注意。恋人ができると、同性との付き合いが悪くなって嫌われることも。

Destiny Code 9 バランサー

コミュ力度 ★★★★★

皆で集まるのが好きな パーティーピーポー

誰でもウェルカム精神で「来る者拒まず」なあなた。幅広い交流関係を築ける資質を持っています。皆でワイワイできるパーティーも大好き。実はピュアなので、人間関係で傷つくと、一気に情緒不安定に。

Destiny Code 8 ファイター

コミュ力度 ★★★★★

人に合わせすぎて お疲れモードに

距離感を取るのが下手なため、人に合わせすぎて無理をする場合が多い。人間関係に疲れて余計に人との壁をつくってしまうという悪循環に陥りがち。自分のことを理解してくれる人を見つけるのが大事です。

あなたの性格の傾向は?

性格の傾向を知って、人から見た印象を知りましょう。プライドが高い人はその分、自主性に優れている傾向にあります。人のサポートが上手なタイプは協調性に優れているでしょう。

第1章 性格 あなたの性格の傾向は?

Destiny Code 2 マジシャン

自主性 ➡ やや高い

性格 ➡ ゆるい

周囲に流されやすい

セルフプロデュースが上手なため、相手の望む自分を演出してしまうことが。周囲に流されやすい点は要注意。あなたの直感は正しいので、理屈よりも感覚を信じて。行動することが開運の秘訣。

Destiny Code 1 チャレンジャー

自主性 ➡ 高い

性格 ➡ キツい

自分を決して曲げない

言われたことに対して納得いかなければYESとは言わない。自分を曲げない信念を持ち、それを貫き通す力もある。自分が主役の人生で輝くため、プライドが高くて性格がキツくても問題なし。

Destiny Code 4 クイーン

自主性 ➡ 高い

性格 ➡ キツい

気は強いが親分肌

女王の威厳があるから、プライドが高いのはあたりまえ。それでも自分のことだけでなく、周りのことも考えられる心の広さを持っています。いつも笑顔でいれば、あなたを慕う人たちもハッピーに。

Destiny Code 3 ティーチャー

協調性 ➡ 高い

性格 ➡ ゆるい

自分より他人を優先

調和を重んじるナンバーのため、我は強くありません。自分の意見より周囲の意見を汲み取ります。誰にでもフレンドリーで優しい性格ですが、輪を乱す人がいるとあなたの体調まで崩れます。

第1章 性格 あなたの性格の傾向は？

Destiny Code 6
メッセンジャー

協調性 ➡ 高い
性格 ➡ ゆるい

いつも謙虚で低姿勢

前に出るよりサポートやフォローが得意なメッセンジャーは、いつでも謙虚さがあり、トゲトゲしていない。相手を気づかって話すので、誰にでも低姿勢で優しく好かれます。協調性の高いです。

Destiny Code 5
キング

自主性 ➡ 高い
性格 ➡ キツい

他人より自分を優先

プライドが高く、人の下につくのはイヤ。生まれながらの王様は、その分、リーダーシップで皆を引っ張っていく。スタンドプレーが多いのも優秀が故のこと。優先順位は他人よりも自分が一番です。

Destiny Code 7
ラバー

自主性 ➡ やや高い
性格 ➡ ゆるい

自意識過剰の防衛に注意

恋愛至上主義で人当たりの良いあなたは、ストイックでキツい性格の人にバカにされる傾向あり。プライドの高さからそれを酷く嫌います。敵は少ないので自意識過剰になりすぎないよう注意して。

Destiny Code 9
バランサー

自主性 ➡ やや高い
性格 ➡ ゆるい

誰とも対等な関係を望む

ラブ&ピースなあなたは、一見ゆるく見られがちですが、頭の回転はとても早い人。向上心があり誰とでも対等な関係を望み、プライドはやや高め。学ぶ心も強いので、いろんなタイプの人と仲良くなれます。

Destiny Code 8
ファイター

自主性 ➡ かなり高い
性格 ➡ キツい

プライドの高さ山の如し

全ナンバーの中で、プライドの高さナンバー1。それはあなたが、負けず嫌いで、譲れないこだわりがある人だから。自分への厳しさを他人に押し付けないようにすると、周囲からも理解が得られます。

あなたのSNSの傾向は?

第1章 性格 あなたのSNSの傾向は?

あなたはSNSに向いているかどうか。向いてるとわかったら、どんどんSNSを活用。不向きだとわかれば、SNSでの失敗も減るはず。まずは自分の傾向を知りましょう。

Destiny Code 2 マジシャン

SNS➡カリスマ級

誰もが憧れるインフルエンサー

写真の撮り方が絶妙で、魅力的な見せ方が上手いので、ブログやインスタで輝くタイプ。発信内容に統一性があり、自分の世界観をしっかり重視します。インフルエンサーが一番多いナンバーです。

Destiny Code 1 チャレンジャー

SNS➡不向き

更新頻度は少なくまとめて記事更新

飽き性のため、SNSの更新頻度は少なめ。思いついたときに一気にまとめてアップします。フォロワー数やいいねの数は気にならず、LINEでは既読スルーも普通にするタイプ。記事の統一感はゼロ。

Destiny Code 4 クイーン

SNS➡大人気

同性が憧れてフォロワー多数

ブランドアイテムの写真を多くアップ。演出上手で、雑誌のように背景や小物などにこだわったカットを撮るため、同性からのフォロワー多数。自撮りでは、あなただけの必殺の角度がある人です。

Destiny Code 3 ティーチャー

SNS➡人並み

真面目な発信が多くなりがち

ついつい文章が長くなるので、インスタやTwitterよりもブログ向きのタイプ。行ったお店は、感想だけでなく住所や営業時間など詳細まで掲載。女性は料理や女子会の写真が多くなりがちです。

第1章 性格 あなたのSNSの傾向は？

Destiny Code 6
メッセンジャー
SNS ➡ プロ級

巧みな言葉選びは影響力大

短い言葉でも人を楽しませる才能があるので、Twitterはあなた向きのSNSツール。ハッシュタグでふざける傾向もあり。写真はペットや動物ばかり。自作料理やオーガニック、コスメの写真なども。

Destiny Code 5
キング
SNS ➡ 普通に活用

気付くとリア充な報告ばかり

高級店や高級車、旅行先の絶景など、ハイソっぽい写真が多めに。それは無理に演出しているわけでなく、自然にやっていたらただのリア充というパターン。充実感あふれる投稿は嫉妬を生む場合も。

Destiny Code 7
ラバー
SNS ➡ 裏アカ持ち

表は華やかな投稿。裏アカでは本音も

自撮り大好き。可愛くor格好良くみせる自撮りテクニックあり。イベントやパーティーなど、華やかな投稿多数。裏アカがあるタイプで、毒を吐きたいためだったり、隠れた趣味だったり理由は様々。

Destiny Code 9
バランサー
SNS ➡ 複数アカ持ち

複数のアカウントは趣味ごとに更新

友人との写真を多くアップ。人とは違った視点での投稿で、信念や自分の価値観など、長文がデフォルト。趣味ごとに複数のアカウントを使いこなす器用さがあります。パワースポットの写真なども。

Destiny Code 8
ファイター
SNS ➡ 誤爆王

気まぐれ投稿でうっかり誤爆多め

機械に弱めで、アプリの機能を上手く使いこなせない傾向あり。でもSNSは嫌いじゃない。思いつきの気まぐれ投稿が多く、誤爆が一番多いナンバー。気付かないうちにうっかり炎上なんてことも。

あなたのコンプレックスは?

人には言いづらいコンプレックスは誰にでもあります。ここでは自分のコンプレックスを知って、それにどう立ち向かえばいいのかといった、解消法を教えます。

第1章 性格 あなたのコンプレックスは?

Destiny Code 2 マジシャン

コンプレックス 常識知らず

解消法 万人受けは他人におまかせ

年功序列を嫌い、実力主義のあなた。年上相手にも物おじしない態度から「常識知らず」と言われがち。最低限の礼儀があれば、折れる必要なし。万人受けは他人にまかせてマイペースを心掛けて。

Destiny Code 1 チャレンジャー

コンプレックス 飽き性

解消法 新しいチャレンジを

計画性がなく思いつきで行動しがちのあなた。色々トライするも、飽き性のせいでどれも身につかないなんてことも。飽きたものは向いてない証拠。飽きない何かを見つけるまでチャレンジ続行。

Destiny Code 4 クイーン

コンプレックス 嫉妬の的に

解消法 羨望だと思うこと

いつも話題の中心にいるため、注目を集めるのはあたりまえ。しかしそれを悪目立ちと捉える人も。嫉妬されるのはそれだけあなたを羨ましがっている証拠。思い通りにいかなくても投げ出さないで。

Destiny Code 3 ティーチャー

コンプレックス 甘え下手

解消法 お願いごとをしてみる

なんでも一人でできてしまい、人前ではしっかりしようと無理をしてしまう甘え下手なあなた。異性に甘えることは恥ずかしいことではありません。用心深さを捨てて、親しい相手には甘えましょう。

第1章　性格　あなたのコンプレックスは？

Destiny Code 6
メッセンジャー

コンプレックス 押しに弱い
⬇
解消法 断る勇気を持つ

押しに弱く、情に流されやすいあなた。無理な誘いには断りを入れても、誘ったほうはそこまで気にしていません。また、人を疑うことができないため、騙されないように注意しましょう。

Destiny Code 5
キング

コンプレックス ゴマをすれない
⬇
解消法 自分が優位な立場になる

トップの器のあなたは、尊敬できない相手にゴマすりなんてできません。さっさとゴマをすられる立場へと駆け上がるのが吉。恋愛よりも仕事を優先してしまうので、恋人へのフォローは忘れずに。

Destiny Code 7
ラバー

コンプレックス 誘惑に弱い
⬇
解消法 失敗を糧にする

甘い誘惑に弱く、初めての人とベッドインして後悔することも。誘惑されるのはそれだけあなたが魅力的だから。失敗を重ねれば、そのうち相手を見極められるはず。口の上手い人には要注意。

Destiny Code 9
バランサー

コンプレックス 器用貧乏
⬇
解消法 計画を立てる

複数の案件を同時進行でそつなくこなしてしまうあなた。器用貧乏と自分で卑下しないで。なんでもこなせるのは立派です。また、理想が現実に追いつかなくても、必要以上に落ち込まないこと。

Destiny Code 8
ファイター

コンプレックス 疑い深い
⬇
解消法 そのままでOK

自分の考え方がしっかりあるからこそ何事も慎重に考えるクセが。しかし、ただ流されるだけの人より自分の意見を持っているのは立派なこと。反対意見も少数意見も重要なので、そのままのあなたでいて。

あなたの合う趣味・合わない趣味

第1章 性格　あなたの合う趣味・合わない趣味

ここでは、あなたに合う趣味と合わない趣味を教えます。向いている趣味を持てば長く続けられるし、心が豊かになるはず。「趣味がない」という人は、是非参考にしてみましょう。

Destiny Code 2
マジシャン

クリエイティブな趣味が合う

合う趣味

料理や絵画、写真など芸術的センスが必要なもの。つくったり、デザインしたりなどクリエイティブなこと。映画鑑賞、楽器の演奏、美術鑑賞、ミュージカル、SNS、パズル、DJ。

合わない趣味

マラソンなど体力を消耗するスポーツ。

Destiny Code 1
チャレンジャー

個人競技スポーツで汗を流して

合う趣味

旅行やキャンプといったアウトドアなこと。ダンスやジムなど身体を動かせるもの。ボクシングやアーチェリーなどの個人競技のスポーツ。音楽。

合わない趣味

じっとしていて変化がないもの。人のペースに左右される団体競技。

Destiny Code 4
クイーン

華やかな趣味がお似合い

合う趣味

ファッションに関わること。ネイル、アロマといった女性的なもの。ヨガなど自分磨きができるもの。海外旅行、ガーデニング、お花を飾ること。ピアノ。

合わない趣味

地味なもの。目立たないもの。異性受けが悪いもの。

Destiny Code 3
ティーチャー

読書で知識を増やしていく

合う趣味

ワークショップ、読書や知識を増やせる学び。着付けなど日本的な習いごと。お花は生け花でもアレンジメントでもOK。手芸、語学、卓球、社交ダンス。

合わない趣味

過激なスポーツ。格闘技系の観戦。暴力的なものや争いがあるもの。

第1章

性格

あなたの合う趣味・合わない趣味

Destiny Code 6
メッセンジャー

剣道、弓道などの武道系が○

合う趣味
英会話教室など学びに関するもの。武道は剣道、弓道、合気道がおすすめ。華道、書道、将棋などの集中できる趣味も良い。水泳、トレッキング、釣り。ホームパーティーを開いて人を呼ぶこと。

合わない趣味
人との関わりが少ないもの。

Destiny Code 5
キング

なんだかんだで仕事が趣味

合う趣味
セミナーやワークショップなど仕事につながること。野球やサッカーなどの団体競技、団結力が必要な競技、スポーツ観戦。投資、不動産、仕事が趣味。お酒。

合わない趣味
結果が目に見えないもの。やりがいよりも実績や数字を求める。

Destiny Code 7
ラバー

流行のスポットで美食を堪能

合う趣味
注目される流行もの。高級エステやマッサージ。スポーツはゴルフ、テニス、ダンス。買い物、ドライブ、高層ビルで食事、美食、スイーツ巡り。イラスト、デザイン、デコレーションで飾り立てること。

合わない趣味
株や投資には手を出さないほうが無難。

Destiny Code 9
バランサー

スピリチュアルな場所めぐり

合う趣味
神社仏閣めぐり、御朱印集め、パワースポットめぐりなどのスピリチュアルな趣味。乗馬、登山、ランニング、陶芸。パーティーやイベントで賑やかにすごすこと。

合わない趣味
ひとりぼっちでするような、誰とも関わらない趣味はNG。

Destiny Code 8
ファイター

汗を流して身体を動かそう

合う趣味
筋トレやスポーツジムなどで汗を流すこと。身体を動かすスポーツなら、基本的になんでもOK。特に合うのは、ボルダリング、空手、サバイバルゲーム、ボウリング。お城めぐりやアウトドアも◎。

合わない趣味
身体を使わない、インドアな趣味。

あなたに合う同性の友達

第1章 性格 あなたに合う同性の友達

同性の仲の良い友達は、あなたにとって大切な存在になるはず。ここでは、あなたと相性の良いDestiny Codeと、どんな相手と仲良くなるのかがわかります。

Destiny Code 2 マジシャン

相性◎ ➡ Destiny Code 4、9

ベッタリしすぎない、ほどよい距離感の関係性

友達に対して、近づきすぎず遠すぎず、ほどよい距離感を求めるあなた。同じように、自分だけの特殊な趣味や世界観を持っている人と仲良くなります。意見を押し付ける人とは相いれません。

Destiny Code 1 チャレンジャー

相性◎ ➡ Destiny Code 6、8

賢くてノリが良い相手はポジティブに協力し合える

ノリが良くて、頭が切れる人と仲良くなります。そういう人は基本的に前向きで協力的。実力主義者のあなたの意見を尊重してくれるはず。刺激し合って、お互いに高め合うといった関係になれます。

Destiny Code 4 クイーン

相性◎ ➡ Destiny Code 5、7

類は友を呼ぶで流行に敏感な交友関係

ファッションリーダーのあなたには、同様にファッションや流行に詳しい友達が自然と集まります。そういった人たちはいろんな人脈を持っているので、あなたの交友関係も広がるでしょう。

Destiny Code 3 ティーチャー

相性◎ ➡ Destiny Code 2、6

博識で本好きな友達と感想を言い合って仲良しに

勉強家なあなたは、専門的知識を持っているような博識な人に心惹かれます。興味の幅が広い相手だったり、本や文学作品が好きな人であれば、とことん議論し合えます。感想を言い合って仲良しに。

第1章 性格 — あなたに合う同性の友達

Destiny Code 6 メッセンジャー

相性◎ ➡ Destiny Code 1、3

食が合う友達とは、食べ歩きでさらに仲良く

話題が豊富なあなただけに、流行りの情報やいろんな経験談を持っている相手とは、ずっと話していても尽きないほど盛り上がります。食の好みが同じ相手とは、一緒に食べ歩きに出かけるのが◎。

Destiny Code 5 キング

相性◎ ➡ Destiny Code 1、4

いざというとき頼れる人を大切に

仕事大好きだからこそ、ビジネスの話ができる相手は相性◎。多くの情報や専門知識を持つ人と仲良くなるでしょう。頼られることが圧倒的に多いあなたが、いざというときに頼れる相手は、大切に。

Destiny Code 7 ラバー

相性◎ ➡ Destiny Code 2、4

見た目が派手なタイプと仲良しになる

容姿端麗だったりファッションや見た目で注目を集める人だったり、一緒にいて目立つ人と仲良くなります。あなたを優遇してくれる人や、特別感をあたえてくれるような人とは得難い親友になれます。

Destiny Code 9 バランサー

相性◎ ➡ Destiny Code 3、6

話を聞いてくれる相手や尊敬できる人と友達に

自分の考えや価値観をしっかり持っている人とは、親友関係に。尊敬できる部分があったり、ボランティア精神がある人だとさらに良いでしょう。自分の話を聞いてくれる相手も大事にしたいです。

Destiny Code 8 ファイター

相性◎ ➡ Destiny Code 2、3

干渉し合わない人としっくりいくはず

人は人、自分は自分と干渉しない人と相性抜群。口うるさく言ってくる人とは打ち解けません。芸術的センスの高い人、自分のこだわりを持っている人、頭がいい人とも仲良くなれます。

SNSでまるわかり！
モテるorモテない行動パターン　LINE編

男女共、LINEは気軽に交換できる便利なメッセージツール。そのお手軽さゆえに、LINEではつい地が出やすいはず。LINEの使い方から、あなたの傾向をチェックしましょう。

♥モテるタイプ♥

男女共通
- 文章が短くて簡潔
- マメに連絡を返す
- 内容がポジティブ
- リアクションがよい
- 話題作りが上手

女性
- 絵文字やスタンプを使う
- 敬語とタメ口を上手く混ぜる
- ハートマークをポイント的に使う
- 写真でわかりやすく

男性
- 文章に余裕がある（がっつきすぎない）
- 返しが面白い
- 内容が具体的で淡泊じゃない
- 誘い方がスマート

✖モテないタイプ✖

男女共通
- 大事な用事のレスポンスの遅さ
- 長文なのに何を言っているのかがわからない
- 既読スルーへの追い討ちLINEをする
- タイムラインのネガティブ投稿
- ビジネスのようなライン

女性
- かまってちゃん
- 自分のことを名前で言う（エミは〜）
- スタンプのクセが強い
- LINEの名前に絵文字や記号がつきすぎ
- LINEアイコンが盛り過ぎドアップ自撮り

男性
- 下ネタが多い
- アイコンが自撮り
- 酔ったときに連絡
- 文章が長く絵文字が多い
- 自慢ばかり
- 既読スルー

　メールアドレスや電話番号を交換するよりも、LINEのアカウントはハードルが低く交換しやすいメリットがあります。お手軽に使えるツールだから、モテる、モテないは残酷なまでにハッキリ浮き彫りに。基本的に、文章は短く簡潔に、返事も素早く行いたい。既読スルーはもってのほか。友達や気になる異性相手には、ビジネス風なそっけないLINEにならないように注意しましょう。

　女性でモテないのは、かまってちゃん系のメッセージ。思わせぶりなことを書くくせに、「どうしたの？」と返してもマトを得ない回答やスタンプをよこす。これでは相手は疲れるだけです。また、自分のことを「あゆみは〜」などと名前で言うのも、文字になると甘ったれにみえて男女共にさけたほうが良いかも。

　男性は酔ったときに、浮かれて下ネタ連発しないように。男性同士ならアリでも女性にはドン引きです。絵文字の多用も頭が悪く見えるので、相手を選んで。

第2章

あなたの仕事チェック

第2章では、仕事運を調べます。ここでは、あなたの向いている職業が一目瞭然です。成功のチャンスや失敗パターンなどをあらかじめ知っておけば、大きく飛躍できるでしょう。

あなたに向いている職種

第2章 仕事 あなたに向いている職種

なんとなく今の職場は違う気がする……。もしそう思うのであれば、それはあなたにとってその職業が合わない証拠。自分に合う職種を知って、可能性を探りましょう。

Destiny Code 1 チャレンジャー

変化のある仕事でルーティンワークは避けて

ルーティンワークが苦手なため、常に変化がある仕事が良い。日本に留まらず、国際的に視野を広げてみましょう。

向いている職種

プロデューサー、添乗員、旅行会社、自営業、イベント企画、乗り物で移動する仕事、国際的に活動すること

Destiny Code 2 マジシャン

普通の会社員よりもフリーランスで自由に

型にハマってはダメ。あなたの芸術的感性を活かす仕事に就くと良いでしょう。フリーランスも合っています。

向いている職種

芸能系、ファッション系、美容師、カメラマン、シェフ、画家、アーティスト、音楽家、漫画、アニメ、デザイン系

Destiny Code 3 ティーチャー

免許や資格を取って、それを活かせる仕事がベスト

知識や経験、学んだことを活かせる仕事が合っています。免許や資格などが武器になる仕事も良いでしょう。

向いている職種

教師、講師、医師、看護師、弁護士、小説家、脚本家、出版や報道関係、金融関係、公務員

Destiny Code 4 クイーン

女性がメインとなるビジネスに目を向けて

流行に敏感なあなたには、女性をターゲットにしたビジネスが◎。常に感性を試されるような仕事が合っています。

向いている職種

デザイナー、美容師、ネイリスト、花屋、エステ、女優、煌びやかな職業、テレビや映画関係

第2章 仕事 あなたに向いている職種

Destiny Code 5 キング

やりがいを感じる仕事や
出世して上の立場になると◎

変化のある職種や、自分がやりがいを感じられる仕事がオススメ。会社員なら平社員より役職者や役員が向いています。

向いている職種

芸能、マスコミ、スポーツ関係、不動産、ホテル経営、保安、法律、自営業、フリーランスもよし

Destiny Code 6 メッセンジャー

文章を使う仕事なら
才能がそのまま活かせる

言葉を巧みに操ることができるあなたには、文章を使った仕事がオススメ。何かを伝える仕事に就くと良いでしょう。

向いている職種

出版関係、ライター、小説家、指導者、教育、保育、コンピューター関係、企業のPRなどの広報、広告関係

Destiny Code 7 ラバー

華やかな職場だと
あなた自身も輝ける

華やかなものに囲まれることで幸せを感じるあなたには、仕事においても煌びやかな職場ほど運気が上がります。

向いている職種

モデルやアイドル、秘書、CAなどの空港関係、美容系、ファッション系、アパレル系、広報、音楽系、芸能関係

Destiny Code 8 ファイター

何かを極める仕事なら
コツコツ努力で実を結ぶ

ひとつのことを極める仕事に就くことで、努力家なあなたはめきめきと力を発揮。職人系の技術職が合っています。

向いている職種

職人、技術職、スポーツ関係、研究者、トレーダー、自営業など

Destiny Code 9 バランサー

何でもマルチにこなし、
副業は成功のカギ

どんな職業に就いても大丈夫な万能タイプのあなた。副業で2つの仕事を持つのも◎。変化に乏しい仕事はNG。

向いている職種

通訳、コーディネーター、営業、医療関係、福祉、自然に関わること、自然保護や動物保護など

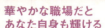

あなたの「出世」度は?

あなたは仕事で出世できるタイプかどうか。ここではあなたの「出世」度を探って、ズバリ、仕事で成功できるかどうかを知っておきましょう。出世度が高いほど成功者になれるはず。

第2章 仕事 あなたの「出世」度は?

Destiny Code 1 チャレンジャー

出世度 ★★★★★

行動力と独立精神で自ら会社を起業する

行動力が人一倍あり、目標に対してどん欲に取り組むことができるあなた。独立精神が強いため、自ら会社を起こす人が多いナンバーです。一代で富を築くくらいのバイタリティがあります。

Destiny Code 2 マジシャン

出世度 ★★★★☆

センスを活かせるかは周りの理解が重要

自分の得意なことを仕事にできるかが鍵を握ります。引き寄せ力は高いので、自分の才能やセンスを理解してくれる人やサポートしてくれる人など、人間関係の縁を大切にすることで大成功します。

Destiny Code 3 ティーチャー

出世度 ★★★☆☆

補佐役で輝くタイプ。支える相手を見極めて

先陣を切って自分で行動を起こすよりも、補佐役に回ったり、人のサポートをすることで、大きく花開くタイプです。縁の下の力持ちタイプのため、支えた人が成功するとあなたも成功します。

Destiny Code 4 クイーン

出世度 ★★★★☆

持ち前のカリスマ性で仕事でも成功者に

周囲を惹きつけるカリスマ性があり、働き者が多いのも特徴。向上心も高めで、常に満足いくライフスタイルが整っているかが大切になります。仕事にやりがいを持てれば成功者となるはずです。

第2章 仕事 あなたの「出世」度は？

Destiny Code 6 メッセンジャー
出世度 ★★★★☆

人との縁や経験値が出世につながっていく

人との縁やつながりによって福が舞い込むタイプです。どれだけ経験や実績を積むかが鍵を握ります。個人で勝負しても良いのですが、組織の中に入った場合は、ブレーンとなる力を持っています。

Destiny Code 5 キング
出世度 ★★★★★

組織のトップに立てる器。出世欲強いが実現可能

一番お金に縁があるタイプ。高い判断力と行動力を備えているので、自ら組織を率いて高い目標に突き進むことができるでしょう。出世欲は誰よりも強く、それを実現できる力を持っている人です。

Destiny Code 7 ラバー
出世度 ★★★★☆

自らの出世よりも玉の輿を狙うのが◎

自分で汗水流してお金を稼ぐよりも、お金持ちのパートナーを見つけた方が幸せになれるタイプ。早いところ豊かな生活を送りたいなら、自身の仕事の成功よりも成功者と添い遂げるほうが近道です。

Destiny Code 9 バランサー
出世度 ★★★☆☆

才能はあるけれど出世には無頓着

才能にあふれているので、どんなことでも器用にこなせます。自分のやり方にハマれば大きく出世できる可能性も。ただし、お人好しな部分があるので、人のために動きすぎると損をすることも。

Destiny Code 8 ファイター
出世度 ★★★★☆

一歩一歩の地道な努力で成功を手繰り寄せる

自分の信じた道を突き進むことで大成功を収めるタイプ。こだわりが強く、自分の求める答えが出るまでしつこく追求するからこそ、大きな成功につながります。ただし、組織では煙たがられることも。

あなたの「世渡り上手」度は？

世渡りが上手いかどうかで、仕事における人間関係が円滑かどうかがわかります。ここでは、あなたの「世渡り上手」度を知って、周囲との関係性を測りましょう。

第2章 仕事 あなたの「世渡り上手」度は？

Destiny Code 2 マジシャン

世渡り上手度 ★★☆☆☆

**良くも悪くもマイペース。
人に合わせることを嫌う**

自分が周囲に合わせるよりも、自分の感性を理解してくれる人が近くにいればそれでいいと考えるあなた。団体行動よりも自分のペースで動きたいため、世渡り上手とはほど遠いでしょう。

Destiny Code 1 チャレンジャー

世渡り上手度 ★★☆☆☆

**正直者のせいで
人の顔色を窺うのは苦手**

基本的に嫌なことは嫌という正直者なので、人の顔色を窺ったりするのは苦手なタイプ。周囲に合わせるより、自分を信じたほうが楽と考えます。自分の意見を押し通そうとする頑固な面も。

Destiny Code 4 クイーン

世渡り上手度 ★★★★☆

**頼られると力を貸すけど
頼ることはできない**

もともと目立つ存在で、自然と周りに人が集まってくる女王様タイプ。自分が下手に出るよりも、慕ってくれる人を好むため、頼られるとサービス精神は旺盛です。目上からは疎まれる傾向あり。

Destiny Code 3 ティーチャー

世渡り上手度 ★★★★★

**場の空気を察知して
上手く立ち回るタイプ**

コミュニケーション能力に優れ、どんな人とも気さくに接することができるあなた。場の空気を読むのも得意で、上手く立ち回ることが可能です。その分、自分の気持ちを抑えてしまう一面も。

第2章 仕事 — あなたの「世渡り上手」度は?

Destiny Code 6 メッセンジャー
世渡り上手度 ★★★★★

世渡り上手ナンバーワン！ 誰とでも対等な関係を築く

コミュニケーション能力が高く、誰とでも対等な関係を築くことができます。ただし、広く浅くの関係性が多く、八方美人になりやすい傾向が。それでも、誰からも好かれやすい人です。

Destiny Code 5 キング
世渡り上手度 ★★★★★

妥協しらずで進むため 敵を多くつくりやすい

嫌いな人を嫌いと言えるハッキリした考えの持ち主。自分が妥協するよりも、強引に自分の意見を推し進めていく戦車のような精神力があります。自分の利益になる人脈を手に入れられるかが重要に。

Destiny Code 7 ラバー
世渡り上手度 ★★★★★

可愛がってくれる人を 見極める能力に長けている

自分を引き立ててくれる人、愛してくれる人、可愛がってくれる人を見極める嗅覚の持ち主。愛嬌がよく、皆のアイドルになりやすいので可愛がられます。ただし、同性からは煙たがられる傾向が。

Destiny Code 9 バランサー
世渡り上手度 ★★★★★

面倒見は良いけれど 自分の世界に籠りがち

来るもの拒まず去る者追わず。面倒見が良く、誰に対してもオープンマインド。その分、思い込みが強かったり、自分の世界から抜け出せないことも。尊敬できる人へのリスペクトはすごいです。

Destiny Code 8 ファイター
世渡り上手度 ★★★★★

愛想良く振る舞うのが苦手で 要領が悪くなってしまうことも

基本的に人に合わせたり柔軟な対応は苦手なタイプ。お願いしたり、下手に出るのは向いておらず、自分のやり方を貫きます。だからこそ、理解者を見つけることがカギ！

あなたの「忍耐」度は?

仕事においては理不尽な思いをすることが多く、それこそ忍耐が強くなければやっていけないなんてことも。ここでは、あなたの「忍耐」度から、自分の許容量を知っておきましょう。

第2章 仕事 あなたの「忍耐」度は?

Destiny Code 2 — マジシャン
忍耐度 ★★★★★

忍耐とはほど遠く、ガラスのハートの持ち主

ガラスのハートといった繊細な一面を持っています。そのため、油断すると人から言われたことですぐにダメージを受けてしまうことも。ストレス耐性が低めなので、我慢は禁物です。

Destiny Code 1 — チャレンジャー
忍耐度 ★★★★★

自分で決めた目標なら最後まで諦めない

一度掲げた目標に対しては、必ず達成させる意志の強さを持っているので、最後まで決して諦めません。ただし、興味の無いことに対してはすぐに飽きます。興味のあること限定で忍耐力があります。

Destiny Code 4 — クイーン
忍耐度 ★★★★★

ストレス受けにくく忍耐とは縁遠いタイプ

多少のミスやトラブルにも負けず、最後までやり遂げることができる人です。基本的に自分が悪いとは思っていないため、あまりストレスを受けにくいです。忍耐とは縁遠いタイプです。

Destiny Code 3 — ティーチャー
忍耐度 ★★★★★

ついひとりで抱え込んで頑張りすぎちゃう傾向が

ひとりでなんでもやろうと、頑張りすぎてしまう傾向あり。なまじできてしまうため、自分がしっかりしなきゃと責任感を感じてしまう部分も。無理に抱え込まず、上手に周囲を使うことも大事です。

第2章 仕事 — あなたの「忍耐」度は？

メッセンジャー *Destiny Code* 6

忍耐度 ★★★★☆

我慢しすぎないよう プライベートで息抜き

人に気を使って我慢してしまう一面があるので、問題を抱えすぎてしまうと爆発してしまう可能性も。我慢しすぎないよう、こまめにガス抜きが必要です。プライベートの時間を大切にするのも◎。

キング *Destiny Code* 5

忍耐度 ★★★★★

仕事での苦労は ツライとは思わない

負けず嫌いなタイプ。たとえ仕事で失敗したとしても、そこから成功に上書きできるくらいの気合いと根性を持っています。基本的に仕事大好き人間なため、仕事の苦労をあまり苦労と思いません。

ラバー *Destiny Code* 7

忍耐度 ★★★★★

我慢は苦手なため 無理に我慢しないこと

自由奔放に自分が好きなことをやっていきたいタイプだからこそ、強く言われてしまうと傷つきやすく、ネガティブになりやすい。もともと我慢が苦手な性質なため、無理な我慢はしないように。

バランサー *Destiny Code* 9

忍耐度 ★★★★★

無駄な我慢は 精神も体調も崩す

感受性が豊かで、心は繊細。身体的にも精神的にもタフなわけじゃないので、何かを我慢するのは苦手です。心の満足度や、充実感を大事にするタイプなため、無駄な我慢は体調を崩します。

ファイター *Destiny Code* 8

忍耐度 ★★★★★

体力面も精神面もタフ。 忍耐力ナンバーワン！

打たれ強く、逆境にも強い。アスリートに多いナンバーで、体力面や精神面においても、常にタフでいられます。ストイックさは誰にも負けません。マゾと捉えられるほどの忍耐力を持っています。

あなたの立ち回りポジション

あなたの仕事における立ち回りポジションを知って、自分の役回りを理解しておきましょう。立ち位置がわかれば、その分、仕事も円滑に回ることでしょう。

第2章 仕事 あなたの立ち回りポジション

Destiny Code 2 — マジシャン

驚きのアイディアで企画力ナンバーワンのひらめきタイプ

驚くような発想とひらめきを持つアイディアマンのため、企画を任せたら凄い力を発揮。お金よりもセンスや個性を評価されるポジションに位置し、常にオリジナリティを追求します。

Destiny Code 1 — チャレンジャー

俺（私）についてこいと、みんなを背中で引っ張る開拓者タイプ

開拓者タイプのあなたが、先陣を突っ走ることで周囲を引っ張って行きます。一緒に仕事をする人たちは、その背中を見て頼りになると感じますが、時に無鉄砲さもあるためハラハラさせることも。

Destiny Code 4 — クイーン

グループリーダーで大きな成果が出る親分肌タイプ

注目を浴びる華やかなポジションで、力を存分に発揮。部署を任されたらグループリーダーとして、皆を引っ張っていきます。周囲から頼られるほど、親分肌気質で頑張ることができます。

Destiny Code 3 — ティーチャー

教えるのが得意なため、人を育てるのが上手な指導者タイプ

根気よく人を育てるのが上手なので、新人の指導係であなたの右に出る者はいません。難しい専門知識も、噛み砕いて説明できます。周りからは頼れる存在として、困ったときの相談役になります。

第2章 仕事 あなたの立ち回りポジション

Destiny Code 6
メッセンジャー

会議や宴会などの司会進行係で大活躍のアドバイザータイプ

人前で話すことが得意なため、会議や宴会の進行役はあなたにぴったり。いろんな意見を上手に汲み取り、皆の調整役になって活躍します。頼れるアドバイザーとして、尊敬される存在に。

Destiny Code 5
キング

ブームをつくる仕掛人で、みんなのまとめ役なカリスマタイプ

みんなのまとめ役はあなた向きのポジション。仕事には厳しい人格者ですが、ブームをつくる仕掛け人として、カリスマ的なオーラもあります。マンネリはNG。常に先手必勝で仕掛けていきましょう。

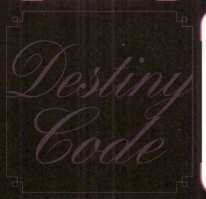

Destiny Code 7
ラバー

みんなが笑顔になる、癒しの存在のアイドルタイプ

人当たりがよくサービス精神旺盛のあなたは、そこにいるだけで人を笑顔する癒し的存在。注目を集める皆のアイドルでもあり、上司からは非常に可愛がられます。華やかなポジションが似合います。

Destiny Code 9
バランサー

異なる案件も同時に進められるマルチタイプ

様々な才能を持っている引き出しの多いタイプのあなた。異なる案件や会社を2つ持つなど、ジャンルにとらわれずに進めることができます。仕事においても新しいものに手を出す好奇心が旺盛です。

Destiny Code 8
ファイター

無骨ながらも専門分野を黙々と作業する職人タイプ

専門分野で結果を残せる実力者のあなたは、根気と気合いで苦難も乗り越え、目標に向かって一直線。無骨な職人タイプなため、人と関わるのは苦手です。周囲からも近寄りづらい存在と思われます。

あなたの「仕事大好き」度は?

あなたの「仕事大好き」度はどのくらいなのか。仕事は「お金を稼ぐ」意味でも、生きていく上で必要不可欠。だからこそ、仕事を好きでいられたほうが長続きするでしょう。

第2章 仕事 あなたの「仕事大好き」度は?

Destiny Code 1 チャレンジャー

仕事大好き度 ★★★★★

独立心が旺盛な野心強めの仕事好き人間

根っからの仕事好きのあなた。野心が強く、人の敷いたレールの上では満足しません。独立心旺盛なので、自ら会社を立ち上げるのも◎。自分に合った職に就ければ、とことん頑張れる人です。

Destiny Code 2 マジシャン

仕事大好き度 ★★★★★

仕事よりも趣味優先。ルールを守るのが苦手

仕事よりも自分の趣味に没頭していたいあなた。会社における組織やルールといった、常識に縛られることを苦痛に感じます。好きなことは時間を忘れて取り組めるので、趣味を仕事につなげると◎。

Destiny Code 3 ティーチャー

仕事大好き度 ★★★★★

責任感が強く真面目に仕事に取り組む

どんな仕事でも真面目に取り組める人です。人に迷惑はかけられないという責任感から、何事も最後までやり通します。仕事を通じて、知ること&学ぶことが増えることに対して喜びを感じます。

Destiny Code 4 クイーン

仕事大好き度 ★★★★★

好きな仕事なら良し。汗臭い仕事はNG

好きな仕事に就ければ、やりがいを見出せます。美しいもの、美味しいもの、人から見られてステータスになるようなものなら、苦もなく仕事を続けられるでしょう。汗臭い&泥臭い仕事は不向き。

第2章 仕事 あなたの「仕事大好き」度は?

Destiny Code 6 メッセンジャー

仕事大好き度 ★★★★☆

ボランティア精神から
仕事ではない仕事をしがち

ボランティア精神が強く、つい期待に応えようと無理をすることが多い人です。結果、仕事ではないのに人の頼みごとを優先してしまう場合も。人との繋がりは大事ですが、時には仕事の優先を。

Destiny Code 5 キング

仕事大好き度 ★★★★★

お金を稼ぐこと&
仕事大好きナンバーワン

とにかくお金を稼ぐことが大好きなナンバー。仕事の成功を第一に考え、仕事に対する優先順位は誰よりも高いです。人よりも良い役職、年収、ライフスタイルを求め、それを実現する度量もあります。

Destiny Code 7 ラバー

仕事大好き度 ★★★★★

仕事よりも恋愛!
与えられる幸せを優先

基本的に仕事よりも恋愛第一のあなた。人から怒られることを嫌うため、理不尽な思いまでして仕事は頑張れません。自らの努力で掴み取るよりも、与えられる幸せを優先したいタイプです。

Destiny Code 9 バランサー

仕事大好き度 ★★★★☆

本業とは別に
副業もこなせる器用な人

常に複数の案件を掛け持ちしているような仕事人間。本業とは別に副業を持つ人も多いナンバーですが、仕事が根っから大好きなわけではありません。ただ、才能を活かすことにやりがいは感じます。

Destiny Code 8 ファイター

仕事大好き度 ★★★★☆

好きなことが仕事なら
のめり込んで追求できる

プライベートも仕事も関係なく、好きなことを追求するタイプです。それが仕事であれば、寝る間を惜しんでのめり込んで取り組めます。自分の努力がそのまま結果につながることに喜びを感じます。

あなたの仕事の成功チャンス

第2章 仕事 あなたの仕事の成功チャンス

ただ仕事をしているだけでは、チャンスを掴めないまま終わってしまいます。ここでは、あなたの仕事における成功のチャンスを探りましょう。成功を手にすれば、未来は明るいはず。

Destiny Code 2 — マジシャン

**理解者プラス
あなたの表現が活きる
フィールドを見つけて**

大事なのは、あなたの個性を最大限に発揮できるフィールドを見つけることです。自分の世界をしっかり表現することができれば、成功のチャンス大。あなたを正しく理解してくれる人も必要です。

Destiny Code 1 — チャレンジャー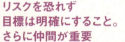

**リスクを恐れず
目標は明確にすること。
さらに仲間が重要**

目標を明確にして追求することが仕事の成功に繋がります。リスクを恐れずに行動を起こすこと。そして、知恵のある仲間があなたを支える環境があれば、チャンスはグッと広がるでしょう。

Destiny Code 4 — クイーン

**ポジティブさを忘れずに
自分のセンスを信じて
真っ向勝負！**

自らのセンスを発信し続けると、あなたを慕ってくれる人や仲間が増えていくはずです。ポジティブな振る舞いは運気アップ。人の陰に隠れずに、主人公のようになれればチャンスが訪れます。

Destiny Code 3 — ティーチャー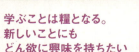

**学ぶことは糧となる。
新しいことにも
どん欲に興味を持ちたい**

知識や経験を増やしていくことで、必然的にチャンスは広がっていきます。好奇心を絶やさずに、常に新しい興味を持つと良いでしょう。仕事でも学び続けることは、あなたの助けになるはずです。

第2章 仕事 あなたの仕事の成功チャンス

Destiny Code 6 メッセンジャー

新しい仕事でも
行動力のある人との
繋がりでチャンス到来

新しい仕事も恐れずに、行動力がある人と一緒に頑張ることでチャンスが訪れます。良き理解者だったり、協力者を見つけること。地味な作業でも手伝ってくれるような人を探しましょう。

Destiny Code 5 キング

人を上手く使いつつ
自分の道は自分で
切り開く

人の意見や顔色を気にせず、自分でジャッジすることが重要です。やりたいことや叶えたい夢を明確にして、人を上手く使えるようになればチャンスを掴めます。自信を持つことが大事です。

Destiny Code 7 ラバー

欲望のままに
自由にやれる環境なら
成功へと繋がる

欲望に忠実でいられる環境なら、必ず成功を呼び込みます。お金を稼ぐことは二の次にして、自由にやりたいことを優先しましょう。あなたの心が豊かになれば、周囲にも良い影響を与えます。

Destiny Code 9 バランサー

人との出会いから
チャンスが生まれる。
仕事のジャンルは絞らない

人との出会いからもたらされるチャンス運があります。仕事のジャンルをひとつに絞らず、様々な経験や体験をすることが重要です。クエスチョンを常に持っておくことで、可能性はさらに広がります。

Destiny Code 8 ファイター

仕事に妥協は絶対NG。
高い目標を持って
切磋琢磨できると良い

目標設定は常に高めに設定しましょう。あなたの場合、ライバルがいたり、切磋琢磨できる環境のほうが成功につながります。仕事に一切妥協せず、ひとつのことを追求できれば飛躍できます。

あなたの仕事の失敗パターン

「仕事が上手くいかない」なんてことは、誰にだって訪れます。ここでは、あなたの仕事の失敗パターンは何なのかがわかります。傾向を知れば、対策は練ることができるはずです。

第2章 仕事 あなたの仕事の失敗パターン

Destiny Code 1 チャレンジャー

**やりがいのない仕事や
ルーティンワークが
ミスを誘う**

やりがいを感じない仕事を任されると、飽きっぽいあなたは失敗しがちに。ルーティンワークも苦手なため、うっかりミスが目立ちがちです。他人の目を気にすると集中力を欠くので注意しましょう。

Destiny Code 2 マジシャン

**仕事中の妄想に注意。
与えられた仕事でも
責任を持ちたい**

想像力豊かなあなたは、仕事中も空想ばかりで手が止まってしまいがち。そうなれば当然批判も集まります。オリジナリティのない仕事は退屈でしょうが、与えられた仕事にも責任を持ちましょう。

Destiny Code 3 ティーチャー

**人の面倒ばかりで
自分の仕事がストップ。
苦手な人に注意して**

面倒見の良い性格のため、人のフォローばかりで自分の仕事が滞ってしまうことも。人の手伝いはほどほどにしましょう。苦手な人が近くにいると、ストレスから仕事ができなくなるので要注意。

Destiny Code 4 クイーン

**自信喪失は失敗への
カウントダウン。
自分の強みを知ろう**

自分のセールスポイントをわかってないと、仕事も失敗します。あなたから自信がなくなると何もかもが上手くいきません。ただし、毒舌になりすぎると人がついてこなくなるので気をつけましょう。

第2章 仕事 あなたの仕事の失敗パターン

Destiny Code 6 メッセンジャー

正論は抑えて 人脈を大切にしたい。 無計画な仕事はNG

たとえ本当のことでも、正論を言いすぎると人は離れていきます。あなたの強みは人脈の広さ。「自分はこれだけやっているのに」という被害妄想は抑えて。計画性がない場合も失敗を招きます。

Destiny Code 5 キング

仕事を抱え込まないで 人に任せられるものは 信用して任せること

何でもできる人なだけに、人を信用せずにすべて自分で取り仕切るのは失敗のもと。仕事の要領が悪くなるだけなので、あなたがやらなくても良い案件は人に任せましょう。取捨選択が重要です。

Destiny Code 7 ラバー

理想ばかりじゃダメ。 人からの意見は 積極的に受け入れる

自分の理想だけで周囲のことを考えなかったり、人の意見を受け入れないと、失敗につながります。常識知らずな面があるので、人からのアドバイスはありがたく受け入れることを推奨します。

Destiny Code 9 バランサー

悩みすぎると バランス感覚が崩れて 失敗を呼び寄せる

思想が重く強くなりすぎると周りはついていけません。ひとつのことで長々と悩んでしまうのは失敗につながります。あなたの持ち味であるバランス感覚が崩れないよう、ほどよく軽さを意識しましょう。

Destiny Code 8 ファイター

仕事にビジョンが 持てないと、 そのまま失敗に繋がる

協調性の薄いあなたが、無理に人に合わせるような行動は運気を下げます。あなたはひとりでも黙々と頑張れる人です。自分のやり方や仕事にビジョンが持てないままだと、失敗に陥るでしょう。

あなたの仕事のパートナーになる人は？

プライベートのパートナーも大事ですが、仕事におけるパートナーもとても大切です。相性が良い人との仕事は、気持ち良く円滑に進行します。あなたの味方を探りましょう。

第2章 仕事 あなたの仕事のパートナーになる人は？

Destiny Code 2 マジシャン

仕事の味方 ➡ Destiny Code 4、5

- センスを理解してくれる人
- お金を持っている人

あなたのアイディア＆センスを理解してバックアップしてくれる人や、実際にそれをビジネスにつなげてくれる人が、仕事のパートナーとして最適な相手です。お金持ちもあなたを助けてくれます。

Destiny Code 1 チャレンジャー

仕事の味方 ➡ Destiny Code 3、8

- 人脈が広く知恵がある人
- あなたを止めてくれる人

アドバイスや知恵を貸してくれる人だったり、人脈が広くてキーマンを紹介してくれるような人をパートナーに選ぶと良いでしょう。無鉄砲なあなたを止めてくれる存在も得難い相手になります。

Destiny Code 4 クイーン

仕事の味方 ➡ Destiny Code 6、9

- 話し上手な話題豊富な人
- 経験からアドバイスをくれる人

あなた以上に話し上手で、いつも新しい話題を持っている人を仕事のパートナーに選ぶと最強タッグになります。いろんな知識や経験があって的確なアドバイスをくれる人だと、仕事がスムーズに。

Destiny Code 3 ティーチャー

仕事の味方 ➡ Destiny Code 4、7

- 息抜き的にサボリに誘う人
- 包容力がある人

仕事を頑張りすぎる傾向があるので、むしろあなたをサボリに誘ってくれるような相手が吉。包容力があって、忙しいあなたを支えてくれるような人が異性なら、プライベートで恋人になるかも。

第2章 仕事

あなたの仕事のパートナーになる人は?

Destiny Code 6 メッセンジャー

仕事の味方➡Destiny Code 1、5

- ・行動力のある肉食な人
- ・ポジティブ思考な人

強引に引っ張ってくれる行動力のある人となら、あなたの仕事の世界も広がります。夢を語って背中を押してくれる人や、一緒にいると前向きになる人は運気が上がります。肉食タイプも◎。

Destiny Code 5 キング

仕事の味方➡Destiny Code 2、9

- ・感性やセンスが優れている人
- ・常識にとらわれない人

常識にとらわれず自由な発想をする人は、あなたのアイディアを刺激します。感性やセンスが飛び抜けたアーティストタイプと仕事をすれば、とてつもないケミストリーが生まれるはずです。

Destiny Code 7 ラバー

仕事の味方➡Destiny Code 3、6

- ・わがままを聞いてくれる人
- ・厳しく怒ってくれる人

優しく特別扱いしてくれる人だったり、どんなわがままも聞き入れてくれる人は、あなたを輝かせてくれます。時には厳しく叱咤してくれる人も、仕事においては大事なパートナーとなるはずです。

Destiny Code 9 バランサー

仕事の味方➡Destiny Code 2、4

- ・あなたに感性が近い人
- ・最新情報を取り入れている人

なんとなく感覚的にいいなと思える人や、ファッションやルックスにこだわりがあって最新の情報を持っているような人とは、思わぬところでビジネス展開するかも。感性が近い人と仕事しましょう。

Destiny Code 8 ファイター

仕事の味方➡Destiny Code 1、5

- ・スタイルを確立している人
- ・お互いの意見交換をできる人

個性やスタイルをしっかり持っている人や、専門的な知識やこだわりが飛び抜けていて、お互いに意見を言い合える人だと、あなたも心を許して仕事が円滑に進みます。刺激しあえる人が相性◎。

あなたの転職のススメ

仕事が合わないときはすぐに転職したいところですが、転職には良い時期と悪い時期があります。ここでは、あなたの転職チャンスを知って、自分の可能性を探りましょう。

第2章 仕事 あなたの転職のススメ

Destiny Code 2
マジシャン

直感力を信じて決断

- 転職チャンス: 26～27歳／33歳／43歳／45～46歳
- 転職NG: 38～42歳

転職チャンス時期に不安があったとしても、自分を信じることが大切です。あなたには素晴らしい直感力があるので、それに素直に従って決断を下すと良いでしょう。逆にNG時期は我慢の時です。

Destiny Code 1
チャレンジャー

自分の可能性が広がる

- 転職チャンス: 25～26歳／32歳／42歳／44～45歳
- 転職NG: 37～41歳

転職チャンス時期は、自分の可能性が広がるとき。あなたは常に変化を求める挑戦者。今の職にマンネリを感じたり、やりがいを持てなければ、思い切って転職するのもありです。

Destiny Code 4
クイーン

大胆に動いて夢を叶える

- 転職チャンス: 28～29歳／35歳／45歳／47～48歳
- 転職NG: 40～44歳

転職チャンス時期は、夢が叶いやすい年齢です。大胆に動くことで、自分にとってプラスに働きます。仕事がしっくりいっていないと感じるなら、自分のやりたいことを思い出して挑戦してみましょう。

Destiny Code 3
ティーチャー

大きな目標を立てて行動

- 転職チャンス: 27～28歳／34歳／44歳／46～47歳
- 転職NG: 39～43歳

転職チャンス時期はより大きな目標を立てることで未来を明るく照らすことができるでしょう。小さくまとまるより、思い切った行動をすると運気が上がります。これまでの経験が活きるはずです。

第2章 仕事 あなたの転職のススメ

Destiny Code 6
メッセンジャー
世界が広がりランクアップ

- 転職チャンス: 30～31歳／37歳／47歳／49～50歳
- 転職NG: 42～46歳

転職チャンス時期は、あなたの世界が広がる暗示。リスクよりも、新しいことを始めるチャレンジ精神で、自分のステージがランクアップします。得意の話術で、いろんな人と交流を深めましょう。

Destiny Code 5
キング
何をやってもプラスに働く

- 転職チャンス: 29～30歳／36歳／46歳／48～49歳
- 転職NG: 41～45歳

転職チャンス時期は、どんなアクションを起こしても状況をプラスに変えられる時期。今やりたいことができていない環境にいるならば、すぐに動いて大丈夫です。NG時期は我慢が必要になります。

Destiny Code 7
ラバー
自分の輝ける場所を探して

- 転職チャンス: 26～27歳／31～32歳／38歳／48歳
- 転職NG: 23歳／43～47歳

良い時期は、どんな決断をしても必ず助け舟がやってきます。この時期に心にモヤモヤを抱えているのであれば、まず現状を変えてみることが大切です。あなた自身が輝ける場所を探しましょう。

Destiny Code 9
バランサー
受け身にならずに飛び込んで

- 転職チャンス: 26歳／28～29歳／33～34歳／40歳
- 転職NG: 24～25歳／45～49歳

当たって砕けろの精神が功を奏すでしょう。転職チャンス時期は受け身にならず、アグレッシブに新しい環境に飛び込むことを心掛けて。幅広い交友関係からビジネスチャンスが訪れます。

Destiny Code 8
ファイター
攻めの一手でチャンスを掴め

- 転職チャンス: 25歳／27～28歳／32歳／39歳／49歳
- 転職NG: 24歳／44～48歳

転職チャンス時期は現状維持ではなく、向上心を持つことでさらにキャリアアップできるとき。無難や平凡はあなたには似合わないので、臆病にならず攻めの姿勢でチャンスを掴みましょう。

SNSでまるわかり！
モテるorモテない行動パターン Twitter編

column 2

Twitterは不特定多数の人と繋がれるコミュニケーションツールで、身近な自己表現の場でもあります。ツイートの内容が評価に大きな影響を与えるため、注意すべき点は抑えておきましょう。

♥モテるタイプ♥

男女共通
・前向きで明るい内容
・アイコンや投稿に好感が持てる
・内容が共感できる
・プロフィールが簡潔でわかりやすい

女性
・ファッションの投稿で魅力をアピール
・適度な絵文字
・家族との話題をアップ
・鍵をかけず、素をみせている

男性
・投稿が面白い
・信念を感じられる
・流行に敏感
・ちょうど良いサブカル感

✕モテないタイプ✕

男女共通
・ネガティブなツイートが多い
・ネット用語多用
・プロフィール欄がごちゃごちゃ
・1日に何十件もの連続ツイート

女性
・自撮りの投稿が多い
・かまってツイート
・できる人アピールが強い
・炎上ネタばかりをリツイート

男性
・アイドルに関する投稿が多すぎ
・有名人ばかりをいいね＆リツイート
・自分に関する投稿があまりない
・仕事などの愚痴が多い

　実際の交友関係以上に繋がりを広げられるTwitterは多くのチャンスを演出できる反面、挙動の不審さや不誠実さによって立場を危うくしてしまうことも。自分にとっては何気ない気持ちで投稿したツイートが物議を醸したり、炎上したりするということもあり得ますので、ツイートをする際は十分に注意を払いましょう。男女ともにネガティブなツイートが多い方は距離を置かれる傾向にあります。プロフィール欄が整理されていないというのもマイナスポイントなので、多くの人に好感を持ってもらうためにこの点も忘れないようにしてください。
　モテない女性の典型は、ナルシストのように感じられる発言＆自撮り投稿が多い人。度を超えたものは不快感に繋がるので、極力しないほうが良いでしょう。
　男性で多いのは仕事に関する愚痴ツイート。見ていて気持ちのいいものではないですし、著しく評価を落とすことにもなるため、しないように心がけて。

第3章

あなたの恋愛チェック

第3章では、あなたの恋愛傾向がチェックできます。あなたの好きになるタイプから、性欲度、フェチにいたるところまで、ズバリ解析。結婚や離婚についてもわかります。

あなたの理想の相手は？

自分では意識していないのに、何度恋愛を繰り返しても理想のタイプというのは同じような人になってしまうもの。あなたが無意識のうちに求める、理想の相手について明かしていきます。

第3章 恋愛 あなたの理想の相手は？

Destiny Code 2
マジシャン

理想の相手 ➡ Destiny Code 5、7

- 趣味や感性が近い人
- 個性的なファッションの人

ほかの人とは少し異なる価値観を持っているからこそ、同じ感性を持つ人に惹かれていきます。とくに笑いのツボが同じ人や、独特なファッションセンスを持つ人には強いシンパシーを感じるはず。

Destiny Code 1
チャレンジャー

理想の相手 ➡ Destiny Code 4、6

- 正直者で嘘を言わない人
- 明るく自分を理解してくれる人

嘘をつかれると好きな相手にでさえ、とたんに冷めてしまうあなた。裏表がなくて、ポジティブな明るい人を好きになります。自分のことを受け入れてくれる人や束縛しない人にも惹かれます。

Destiny Code 4
クイーン

理想の相手 ➡ Destiny Code 3、7

- お洒落で注目を集める人
- ギャップのある人

周囲から注目を集める、お洒落で華やかなオーラを持つ人が好み。さらにふたりのときにギャップのある一面を見せられたり、優しくエスコートされると一気にメロメロになってしまいます。

Destiny Code 3
ティーチャー

理想の相手 ➡ Destiny Code 4、5

- 一緒にいて多くのことを学べる人
- リードしてくれる年上の人

向上心の高いあなたにとって尊敬の念こそが、恋愛感情を抱くきっかけになります。年上の人だったり幅広い知識を持っている人から、しっかりリードしてほしいと心の中で思っているのです。

第3章 恋愛 あなたの理想の相手は？

Destiny Code 6 メッセンジャー

理想の相手 ➡ Destiny Code 1、8

- ユーモアで話が面白い人
- 恋愛を引っ張ってくれる人

気さくな性格で、ユーモアセンスに溢れる人があなたの好み。話をしていて楽しいと思えるかどうかを重視します。また仕事ができる人や、恋愛で受け身にならず引っ張ってくれる人にも惹かれます。

Destiny Code 5 キング

理想の相手 ➡ Destiny Code 2、9

- 自分のことを尊敬してくれる人
- インパクトのある刺激をくれる人

王様気質なあなたは、自分のことを敬ってくれる人を好きになりやすいです。束縛されることは嫌いですが放置されるのも嫌なので、常に刺激を与えてくれる人と仲良くなることが多いでしょう。

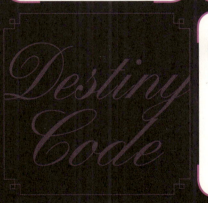

Destiny Code 7 ラバー

理想の相手 ➡ Destiny Code 7、9

- ルックスがいい人
- 自分のことを立ててくれる人

恋愛体質なあなたは、なんといってもルックスの良さが最初の一歩。ほかの人よりも目立つ人を見つけたら、積極的にアプローチします。内面では、自分のことを優先してくれる人が好みです。

Destiny Code 9 バランサー

理想の相手 ➡ Destiny Code 3、6

- 考え方が似ている人
- 礼儀正しい人

さまざまな人とバランスよくお付き合いできるあなたは、自分と似たような考え方や感覚を持っている人が好き。また場の空気を読める人、礼儀や礼節がしっかりしている人も重要な条件です。

Destiny Code 8 ファイター

理想の相手 ➡ Destiny Code 1、8

- 自分の芯を持っている人
- 将来を考えられる人

ファイターである自分と同じように、考え方の芯が通っている人に惹かれます。現実的な考えを持つため、刹那的なお付き合いではなく、将来のことを考えられる、連絡がまめな人も好きになります。

あなたにピッタリ合う相手は？

好きになるタイプではなく、おつき合いしたり結婚すると幸せになれるタイプをここでは探っていきます。今まで恋愛で失敗してきた人は、将来のパートナーを見つける参考にしてみましょう。

第3章 恋愛 あなたにピッタリ合う相手は？

Destiny Code 2 マジシャン

合う相手 ➡ Destiny Code 7、9

・自分の世界観を理解してくれる人
・夢を見させてくれる人

何事も直感で行動し、想像力も豊かなタイプなので、そういった独特の世界観を理解してくれる人と相性抜群。現実主義な人よりもあなたに素敵な夢を見させてくれる、ロマンチストと上手くいきます。

Destiny Code 1 チャレンジャー

合う相手 ➡ Destiny Code 5、8

・あなたを応援して支える人
・行動力があり刺激をくれる人

ひとりで突き進んでいくあなたには、応援しながら陰でサポートしてくれる人が合います。お互いに行動力や向上心のある人が活力を与えてくれるはず。一緒にいることでどんな壁も乗り越えられます。

Destiny Code クイーン

合う相手 ➡ Destiny Code 1、6

・目標に向かって頑張っている人
・社交的で一般常識のある人

自分の感性のままに行動することが多いので、一般常識のある人とお付き合いするとバランスがとれます。また目標に向かって頑張っている人とも、お互いを支え合いながら成長していけます。

Destiny Code ティーチャー

合う相手 ➡ Destiny Code 1、9

・一緒にいて癒しを与えてくれる人
・自分にない経験をしている人

自分の時間を大切にするあなたには、居心地の良さや知恵を与えてくれる人がピッタリ。物事を学ぶことで運気も上がるので、自分にない経験をしていて、間違いを指摘してくれる人も合います。

第3章 恋愛 あなたにピッタリ合う相手は？

Destiny Code 6 メッセンジャー

合う相手 ➡ Destiny Code 3、5

- 愛情を返してくれる人
- 行動力に溢れている人

一度好きになったら相手に尽くすタイプなので、それ以上の愛で返してくれる人となら長続きしていきます。また行動力があってアクティブな人も、ストレスを溜めずに楽しく付き合っていけます。

Destiny Code 5 キング

合う相手 ➡ Destiny Code 4、7

- 自分のペースに合わせてくれる人
- 程よい距離感を保てる人

プライドの高いあなたは、自分のペースを乱すことなく合わせてくれる人と好相性。また距離が近すぎても遠すぎても上手くいかないので、考え方を押し付けず適度な距離感を保てる人と合います。

Destiny Code 7 ラバー

合う相手 ➡ Destiny Code 2、8

- 記念日を大切にしてくれる人
- お洒落で買い物好きな人

誕生日やお付き合いした記念日など、イベントを忘れずに一緒に楽しんでくれる人がベストパートナーといえます。また一緒に買い物やお洒落をして、ファッションを褒めてくれる人とも相性良好です。

Destiny Code 9 バランサー

合う相手 ➡ Destiny Code 6、4

- ロマンティックな演出が好きな人
- 中性的な感性を持つ人

誰とでも上手く付き合えるだけに、ロマンティックな演出をして特別感を与えてくれる人とはまさに特別な関係を築けます。また男女どちらとも共感できる、中性的な感性の持ち主も相性がいいです。

Destiny Code 8 ファイター

合う相手 ➡ Destiny Code 3、6

- 嘘をつかず裏表がない人
- 束縛を苦にしない人

浮気や不倫などを嫌うために相手を束縛しがちなので、それが愛情によるものだと理解して受け入れてくれる人と合います。誠実なお付き合いをするために、嘘をつかず裏表がない人を選びましょう。

あなたの「モテ」度は？

あなたはどれくらい異性からモテるのかを5段階で評価して、ここでズバリお伝えします。どんな人から好かれるのかも探っていくので、モテ度が低くても落ち込む必要はなしです！

第3章　恋愛　あなたの「モテ」度は？

Destiny Code 2
マジシャン

モテ度 ★★★★★

個性的な魅力で一部の層にストライク

個性的で周りとは違う独特な魅力があるあなたは、セルフプロデュースが得意で自分の魅せ方がとても上手。万人受けを狙うよりも、あなたの感性を理解してくれる人からの支持率高し。

Destiny Code 1
チャレンジャー

モテ度 ★★★★★

興味がない人の好意はスルー 好きになった相手しか無理

サバサバした性格なため、恋愛の駆け引きは苦手。自分が好きにならないと言いよられてもスルーします。モテることより、好きな人を落としたい。追われるよりも追いかけることに意義を感じます。

Destiny Code 4
クイーン

モテ度 ★★★★★

注目を浴びる恋愛のカリスマ

何をしていても注目を集めてしまう、カリスマ的な存在。愛情表現もわかりやすくストレートなので、恋愛に発展しやすい。また自分自身が狙った相手は逃さない、生粋のハンター気質でもあります。

Destiny Code 3
ティーチャー

モテ度 ★★★★★

人を惹きつけるものの本人に自覚なし

気品にあふれ、人を惹きつける魅力の持ち主。コミュニケーション能力も高く誰とでも仲良くなれますが、しっかりした性格かつ恋愛体質じゃないことが災いして周囲のアプローチに気付かないことも。

第3章 恋愛 あなたの「モテ」度は？

Destiny Code 6 メッセンジャー

モテ度 ★★★☆☆

いい人止まりになりがちで恋愛は不得意

恋愛下手でアプローチされても気付かず、友達のままで終わることばかり。人のお世話をすることが好きで、恋愛を後回しにしやすい。空気を読みすぎる性格のため、自分からのアプローチも苦手です。

Destiny Code 5 キング

モテ度 ★★★★★

圧倒的な風格が漂う絶対的王者

絶対的な王者の風格を持っており、強そうなオーラで気弱な異性からは敬遠されてしまうことも。サバサバした性格かつ俺様気質が強いので、周囲と壁を作ってしまいがちな点には注意が必要です。

Destiny Code 7 ラバー

モテ度 ★★★★☆

誰からも愛される人気者

愛嬌のあるキャラクターで、誰からもチヤホヤされる人気者。ただ恋愛体質が強すぎて、ちょっとした相手の発言でも愛されていると思うので、自分がモテていると勘違いしていることもしばしば。

Destiny Code 9 バランサー

モテ度 ★★★★★

年齢と共に魅力を増す大器晩成型

自分の気持ちに素直になれない天邪鬼気質があり、異性に想いが伝わりにくいタイプ。交友関係が広く誰からも愛され、若いうちは友達止まりでも、年齢を重ねるごとに魅力を増してモテるように。

Destiny Code 8 ファイター

モテ度 ★★★★★

我が道を行くこだわり派

こだわりが強く自分のルールをしっかり持っているので、相手が引いてしまうことも。自分が好きになった人しか好きにならないので、興味のない異性から追いかけられても気にしません。

あなたの「性欲」度は?

恋愛には肉体関係もつきもの。あなたが心のつながりより体のつながりをどれだけ重視するのかを明かします。今まで気付かなかった自分の性欲が、判明してしまうかも!?

第3章 恋愛 あなたの「性欲」度は?

Destiny Code 2 マジシャン
ロールキャベツ系
性欲度 ★★★☆☆

内側には開放的な性欲が
性欲は特別弱いわけではないですが基本的に受け身で、積極的に求めることはあまりなし。ただし感覚が合えばワンナイトラブもあり、求められることになんでも応えてしまうから開放的な一面も。

Destiny Code 1 チャレンジャー
肉食系
性欲度 ★★★★★

好きな相手にはガツガツ攻める
好きな相手にはイケイケドンドンでアプローチするため、欲にはかなり忠実です。守るよりも攻めたいと考えます。脈がないとわかると切り替えは早いです。興味がない相手には欲はわきません。

Destiny Code 4 クイーン
肉食系
性欲度 ★★★★★

あらゆるプレイに全対応
相手が望むなら、攻めも受けもどちらでもOKな性のオールラウンダー。新しいテクニックやプレイにも興味津々で、豊富な経験を重ねていますが、知らないふりをしながら新鮮に楽しみます。

Destiny Code 3 ティーチャー
むっつり系
性欲度 ★★★★☆

シチュエーション重視の純情派
相手に求めたい気持ちはあるものの、なかなか自分から攻めていけないむっつり系なあなた。シチュエーションや過程を大切にするタイプで、一度心を開いた相手には全力で尽くします。

第3章 恋愛 あなたの「性欲」度は？

Destiny Code 6
メッセンジャー

裏肉食系

性欲度 ★★★★☆

旺盛な性欲をひた隠しに

とにかく好奇心旺盛で、自分が知らないプレイやテクニックに対する知識欲が留まることを知りません。経験を積むことで一気に性欲も開花しますが、そういった本性を知られたくなく隠し通します。

Destiny Code 5
キング

肉食系

性欲度 ★★★★★

圧倒的な攻めで相手を屈服させる

夜の帝王と言わんばかりに、しっかり攻めて快楽で相手を服従させるタイプ。自分が満足するまで納得せず、容赦なく攻めます。とことん刺激を求めるため、相手がついてこれないことも。

Destiny Code 7
ラバー

乙女肉食系

性欲度 ★★★★★

愛に餓えて全力で受け止める

肌と肌で触れ合うことが大好きで、全力で愛を受け止めたい恋愛体質全開のあなた。でもひとりの相手にのめり込むとは限らず、不倫や浮気をすることも多めなのでトラブルには気をつけましょう。

Destiny Code 9
バランサー

肉食系

性欲度 ★★★★★

肉体関係を最大限に重視

あくまでもSEXは愛情表現の一環と考えており、体と心のつながりをしっかり持ちたいと思います。それゆえに肉体関係から始まる恋愛も多く、二股や不倫、浮気といった状況になりがちです。

Destiny Code 8
ファイター

肉食系

性欲度 ★★★★☆

エンタメ感覚で性欲を楽しむ

とにかく相手のことをすぐ知りたくなるタイプで、積極性も十分にあり自分から誘うことにためらいはありません。とくにシチュエーションや過程は気にせず、楽しめるかどうかを重視します。

あなたのSEXの傾向は?

一口にSEXといっても、プレイのスタイルはまさに千差万別。ごくごくノーマルだったりおもちゃを使ったりと、好みも分かれます。あなたはどんなプレイを好むのか探ってみましょう。

第3章 恋愛 あなたのSEXの傾向は?

Destiny Code 2 マジシャン

ベッドの上の魔術師タイプ

あらゆる状況に即座に対応。魔術のようなテクで相手を虜に

マジシャンのあなたは、ベッドの上でもまさに魔術師のように振る舞います。どんな性癖や欲求にも臨機応変に対応可能で、相手によって行為の内容が変化。コスプレ着用のイメージプレイも最適です。

Destiny Code 1 チャレンジャー

情熱的なラテンタイプ

愛ある激しいプレイを好み常に新しい体位を開発していく

自分から積極的にいくタイプなので、激しいプレイもお手のもの。おざなりだったりマンネリ感を嫌うため、常に新しい体位を模索します。大人の玩具を使ったり、気持ちいいことを追求します。

Destiny Code クイーン

思いやりのある優しいSEXタイプ

相手の欲求に何でも応えられるオールラウンドな情熱家

情熱的な愛情の持ち主で、自分よりも相手を気持ちよくすることに喜びを感じます。相手の求めているものに応えるのが上手で、攻守ともにバランスよくこなせるので誰とでも体の相性は良好です。

Destiny Code 3 ティーチャー

恥ずかしがり屋のテクニシャンタイプ

興味を持つと秘めた才能が開花。飽くなき探究心で性感帯を研究

自分でもあまり性欲には気付かないタイプですが、一度興味を持つと一気に開花。相手と真面目に性感帯を研究する熱心さもありますが、マニュアル通りのプレイになりやすい一面も。

第3章 恋愛 あなたのSEXの傾向は？

Destiny Code 6 メッセンジャー

ウブな仕草が相手の心をくすぐるタイプ

興味を隠して相手の誘い待ち、流れのままに楽しむべし

SEXに対する興味はあるものの奥手なあなたは、相手のペースに巻き込まれ流れに身を委ねると楽しめます。受け入れ体制は問題ないので、感情的にはならずあえてウブな面を隠さないのが吉です。

Destiny Code 5 キング

抱かれるんじゃない、抱いているんだタイプ

つねに攻めの姿勢で主導権は渡さない。征服することで自分も満足

征服欲が強めなあなたは、SEXにおいても主導権を握っていたいタイプ。受けに回ることは好きではなく、自分がガンガン攻めて相手をどれだけ気持ち良くさせられるかが満足度のバロメーターです。

Destiny Code 7 ラバー

大切なのは、そこに愛があるかどうかタイプ

濃厚な愛情を何よりも重視。有名なあの人とのロマンスも

快楽だけを求めるのではなく、心のこもった濃厚な愛に溢れるSEXを好みます。性に対しては奔放で、経験人数は人より多め。有名人や著名人など、ステータスのある人とのロマンスもあり得ます。

Destiny Code 9 バランサー

繊細で心を大切にするSEXタイプ

ムードとシチュエーションを最重視。マンネリなプレイは絶対NG

勢いや流れで行為に及ぶのが好きではなく、ムードを大切にしてお互いに満足度の高いSEXを目指して頑張るタイプ。マンネリ化するのも嫌なので、シチュエーションを変えると燃え上がります。

Destiny Code 8 ファイター

SEXとはスポーツであるタイプ

愛情よりも楽しさを大切に新たな手法をつねに探求

SEXを愛情表現というよりスポーツのように捉えており、いかにお互いが盛り上がれるかを重視します。ふたりの精神安定剤でもあり、つねに新しい策を練って、満足する方法を模索していくはず。

あなたのフェチは？

性格やルックス以外にも、異性に惹かれてしまうのがフェチズムというもの。無意識で求めていることも多いので、理由がわからないけど気になる人がいたらフェチを感じている可能性も。

第3章 恋愛 あなたのフェチは？

Destiny Code 2 マジシャン

匂い

香る匂いが恋の始まり。考えるより感じる恋愛を

鋭い感覚を持つあなたは、ふわっと良い匂いが香る異性に魅力を感じやすいです。ただ言葉で説明できるような理由ではなく、感覚で好きになるタイプなので、毎回好きになるポイントが変化します。

Destiny Code 1 チャレンジャー

身体のパーツ

自分とは違うものに対してゾクゾク感じてしまう

異性の身体のパーツにエロさを感じてしまうあなた。男性なら胸やお尻といった女性特有の丸みのライン、女性なら筋ばった骨や血管や筋肉といったものにゾクゾクして、あなたの恋に火を付けそう。

Destiny Code 4 クイーン

綺麗なまつげ、目

中性的な要素に魅力を感じる。時折見せるギャップにも弱い

男女どちらも綺麗に整ったまつ毛に中性的な魅力を感じて、本能的に守ってあげたいと思うようになります。もしそんな人にバリバリに仕事をこなしている姿を見せられたら、ギャップでイチコロ。

Destiny Code 3 ティーチャー

綺麗な手

清潔感や凛とした雰囲気に心を動かされやすい

あなたが最もフェチズムを感じるのは、綺麗に手入れされた手。そこにセクシーさを感じるほか、清潔感や丁寧な言葉遣いにも惹かれます。また着物や浴衣姿など凛とした雰囲気にも弱いでしょう。

第3章 恋愛 あなたのフェチは?

Destiny Code 6
メッセンジャー
素肌

ナチュラルな雰囲気に魅力を感じ素朴な人に惹かれていく

ガッツリ着飾るよりも、ナチュラルな雰囲気のビジュアルが好み。笑顔やはにかむ雰囲気など、素朴な人にこそフェチズムを感じます。色気よりもキッチリ感がある人も好みのど真ん中でしょう。

Destiny Code 5
キング
声

セクシーボイスに首ったけ。思わず胸元やお尻を見てしまう

異性の声に魅力を感じることが多いタイプ。華やかさだったりわかりやすいセクシーさを好むので、大人びた声質に惹かれるはず。体のパーツでいえば、胸元やお尻にストレートなフェチを感じます。

Destiny Code 7
ラバー

ルックス

相手を選ぶ条件は100%ルックス。女性は後ろからのハグが弱点

恋人を周囲に自慢できるかどうかは、ラバーにとって重要な要素なので、好みかどうかより優れたルックスかどうかで選びます。女性は後ろから抱きしめられると気持ちが高まりやすいです。

Destiny Code 9
バランサー
メガネ

知性を感じさせるメガネとモデル体型に惹かれやすい

知性を感じさせる人や、ミステリアスな雰囲気を醸し出している人が好みなので、メガネの似合う異性に弱いです。スラッとした細みのモデル体型&あっさり顔が好きで、話す口元に注目しがち。

Destiny Code 8
ファイター

肉体美

美しいボディラインに強く惹かれ性格にギャップがあると完璧

鍛え上げられた肉体美に強くフェチズムを感じます。その中でもとくに、首筋のセクシーなラインにエロスを感じるでしょう。さらに可愛らしい子猫のような性格なら、文句なしにストライクです。

あなたの「束縛」度&「束縛されたい」度

パートナーをどれだけ束縛するタイプなのか、また逆に束縛されたいタイプなのかを5段階で表していきます。パートナーがいる人は、相手のタイプと見比べてみるといいでしょう。

第3章 恋愛 あなたの「束縛」度&「束縛されたい」度

Destiny Code 2 マジシャン

束縛度 ★★★★☆
束縛されたい度 ★★☆☆☆

自分を見てほしいけど邪魔は嫌

嫉妬深いところがあり、カンも鋭いので不安を感じたら携帯を見てしまうなんてことも。自分のことを気にしてほしいと思う一方で、自分のペースがあるのでそれを邪魔されるのは嫌だと感じます。

Destiny Code 1 チャレンジャー

束縛度 ★★★★★
束縛されたい度 ★☆☆☆☆

束縛するけどされたくない

独占欲が強く、嫉妬も激しめのあなたからすれば、男女の友情はあり得ないと考えます。相手への束縛は高めですが、自分は束縛されるのを嫌います。自分の行動を制限されると苦痛に感じる人です。

Destiny Code 4 クイーン

束縛度 ★★★★★
束縛されたい度 ★★★★☆

自分を見てもらうためガッツリ束縛

自分のことが一番でないと嫌なので、しっかりと束縛するタイプ。愛されたい願望強めなので、全然束縛がないよりちょっとの束縛は愛を燃え上がらせる。ただし度が過ぎるとウンザリすることも。

Destiny Code 3 ティーチャー

束縛度 ★★★☆☆
束縛されたい度 ★★★★☆

好きな相手なら束縛されてもいい

自分が束縛されるのは嫌なタイプなので、つき合う相手への束縛も少なく、お互い一定の距離感を保ちます。ただ好きになると一途になるタイプで、その相手に束縛されるのであれば良しとする傾向も。

Destiny Code 6
メッセンジャー

束縛度 ★★★★☆
束縛されたい度 ★★★★★

本心を隠すマイペースタイプ

本心では束縛をしようと思っていても、相手に嫌われるのを怖がって強く言えず、結局自由にさせてしまいます。基本的に自分のペースで動きたい性格なので、束縛されるのは苦手です。

Destiny Code 5
キング

束縛度 ★★★☆☆
束縛されたい度 ★☆☆☆☆

束縛はしないが服従させる

つき合っても余裕があり相手を縛ることは基本的にはしないが、フラフラしているような相手だとイライラする。自分の言うことに従えという王様タイプなので、縛られることは苦痛に感じてしまう。

Destiny Code 7
ラバー

束縛度 ★★★★★
束縛されたい度 ★★★★★

狙った相手のためなら手段は選ばない

どんなリスクのある手を使ってでも、相手を自分のモノにしようと、激しく束縛する傾向があります。また、相手から束縛されることも愛の証ととらえて、むしろ喜びを感じるかもしれません。

Destiny Code 9
バランサー

束縛度 ★★★★★
束縛されたい度 ★☆☆☆☆

思ったことを口にする自由人

束縛が特別強いわけではないですが、好きな人に対して気持ちを抑えきれず、思ったことをすぐに口や行動に表してしまいます。変化や自由を求めるタイプなので、束縛されることを嫌がるでしょう。

Destiny Code 8
ファイター

束縛度 ★★★★★
束縛されたい度 ★★★☆☆

ある程度の束縛には愛を感じる

もともと心配性なあなたは、おつき合いするとその部分が強く出て、相手を束縛するように。一方でひとりの時間を大切にしたいので束縛されるのは苦手ですが、それ自体に愛は感じています。

第3章 恋愛 あなたの「束縛」度&「束縛されたい」度

あなたの「恋愛脳」度は？

あなたが恋に落ちたとき、どのような恋愛をする傾向にあるのか。「恋愛脳」度をチェックしていきましょう。自分の中の意識を知ることで、人生における指針になるかもしれません。

第3章　恋愛　あなたの「恋愛脳」度は？

Destiny Code
マジシャン

恋愛脳度 ★★★★☆

**自分の感性を信じる
独特な恋愛観の持ち主**

感性で人を好きになるので、そこまで恋愛の数が多くありません。周りからどれだけ勧められても、自分の感覚と違えばルックスが良くても関係なし。恋愛よりも自分の予定やセンスを最優先にします。

Destiny Code 1
チャレンジャー

恋愛脳度 ★★★★★

**好きになったら
想いを自分から即伝える**

単純でわかりやすい性格もあり、異性を好きになるのはとてもスピーディー。想いはストレートに伝える大胆さもあります。すぐに相手との関係を進めたいため、じれったい返事だと冷めることも。

Destiny Code
クイーン

恋愛脳度 ★★★★★

**気持ちに気付いてくれる人を求める。
上から目線の相手はお断り**

母性が強く惚れっぽい一面があります。気持ちに正直でわかりやすいタイプなので、頭がいい人や自分をわかってくれる人を好む傾向あり。ただし自分をバカにしたり、上から目線の人はNGです。

Destiny Code
ティーチャー

恋愛脳度 ★★★☆☆

**恋愛以外を優先しがちで
進展には時間がかかる**

恋人はほしいと思うものの、異性に頼ったり、恋愛を第一に考えることが苦手。自分やほかの人との時間を優先してしまい、同性と一緒にいる時間も多く、好きになってもなかなか進展しません。

第3章 恋愛 あなたの「恋愛脳」度は?

Destiny Code 6 メッセンジャー

恋愛脳度 ★★★★★

恋愛観は淡泊で無頓着。
好きになっても足踏みしがち

恋愛に対する意識は非常に低く、淡泊で無頓着な性格なので、恋愛を優先できず仕事ばかりになってしまうことも多いでしょう。いざ相手を好きになっても、一線の越え方がわからず悩んでしまいます。

Destiny Code 5 キング

恋愛脳度 ★★★★★

仕事優先で恋愛をおろそかにしがち。
自分優位の恋愛を好む傾向に

恋愛よりも仕事優先になりやすいことが多いです。また理想が高くて、すぐに人を好きになることもありません。とにかくプライドが高く、自分が下手に出る恋愛はしたくないと思っています。

Destiny Code 7 ラバー

恋愛脳度 ★★★★★

恋愛第一の最強恋愛脳!
暇があれば一目惚れ

最強の恋愛脳を持つあなたは、ほかの何よりもとにかく恋愛が最優先。いつでも恋をしていたいと思うタイプで、気になる人がいなければ色々なところに赴き、スキあらば一目惚れを繰り返します。

Destiny Code 9 バランサー

恋愛脳度 ★★★★★

感情のままに恋に落ちる
アクティブな肉食タイプ

自分の感情に忠実で、好みの人に出会ったら一瞬で恋に落ちる典型的な肉食タイプです。あまり深く考えずおつき合いすることもありますが、恋多き性分なのであまり引きずることもありません。

Destiny Code 8 ファイター

恋愛脳度 ★★★★★

恋愛よりも趣味を優先。
自分のペースを重要視

恋愛の優先度は高くなく、趣味や今興味があることを優先します。人間関係が面倒だと思う一面もあり、好きなことを好きなペースでやっていきたいから、恋人とベッタリの関係は好みません。

あなたの「浮気」度は？

浮気はダメなことわかっていても、ついついしてしまう人も少なくはないはず。どういった性格やタイプが浮気をしやすいのか、それぞれの浮気度と合わせて探っていきましょう。

第3章 恋愛　あなたの「浮気」度は？

Destiny Code 2
マジシャン

浮気度 ★★★★☆

雰囲気に流されやすい。突発で浮気に発展しがち

雰囲気に流されやすく、相手からの甘い誘惑に弱いので、計画的ではなく突発的な浮気をしてしまうタイプ。ただあなた自身もほかの異性に目移りすることが多く、トラブルになることも。

Destiny Code 1
チャレンジャー

浮気度 ★☆☆☆☆

浮気や不倫は許せない恋人に一途に尽くすタイプ

恋人ができると一途に思い続け、相手に尽くすタイプです。浮気や不倫を許せないと考えるため、相手の浮気は許しません。もし心変わりしたときは、ハッキリと決着をつけてから次へいく人です。

Destiny Code 4
クイーン

浮気度 ★★★★☆

その場が盛り上がればOK。熱いアプローチに流されやすい

その場のテンションに左右されやすく、気持ちが盛り上がっているときに求められると応えてしまう一面も。情熱的なアプローチに弱いので、相手が積極的なほど浮気しやすいタイプといえます。

Destiny Code 3
ティーチャー

浮気度 ★★★★☆

感情では動かず一途に尽くす。強引な押しには弱いことも

好きになると一途になって、相手しか見えなくなります。時間をかけて関係を築いていきたいと思い、その場の感情では行動をしません。その代わり、強引に押し倒されると理性が働かないことも。

第3章 恋愛 あなたの「浮気」度は？

Destiny Code 6 メッセンジャー
浮気度 ★★★★★

**浮気よりもまずは本命探し。
激しい要求には負けることも**

浮気するよりも、まずは本命の相手を探すことに力を入れるタイプ。義理人情が厚く、たとえ相手が本命でなくても傷つくようなことはしません。ただ相手から激しく来れば流されやすい傾向も。

Destiny Code 5 キング
浮気度 ★★★★★

**誘惑に負けない鋼の精神。
狙った相手はかならず落とす**

自分が好きになった人以外には容易に心を開かないタイプで、誘惑されても流されにくいです。その代わり、自分が落としたいと思う相手には、どんな手を使ってでも構わないアグレッシブな一面も。

Destiny Code 7 ラバー
浮気度 ★★★★★

**愛されることが当たり前。
浮気をしても相手に責任転嫁**

パートナーからの愛を少しでも感じられないと寂しくなり、惚れっぽい性格とも相まって浮気してしまう可能性大。浮気がバレて責められても、寂しくさせた相手が悪いと開き直ることも。

Destiny Code 9 バランサー
浮気度 ★★★★★

**人に対する興味が強く
結果的に浮気する傾向あり**

おつき合いしている人に限らず、色々な人に対して興味を持ちやすい性格の持ち主。自由な恋愛の形を求める傾向もあるので、恋愛感情とは関係なく浮気や不倫に至ってしまうことも多いです。

Destiny Code 8 ファイター
浮気度 ★★★★★

**ひとりを大切にする人情家。
盛り上がればワンナイトも**

ひとりの人を心から愛して、とことん大切にする義理人情に厚いタイプ。自分が相手を好きになるかどうかが基準なので、好きでない相手からアプローチをされてもなかなかなびくことはありません。

あなたへの恋愛格言

恋愛に悩む人の指針となるような格言を、Destiny Code別にお伝えしていきます。どういう行動をすれば恋愛のチャンスを掴めるのかも、格言を頼りにすると明らかになるはず！

第3章 恋愛 あなたへの恋愛格言

Destiny Code 2
マジシャン

千載一遇

わずかなチャンスを逃さずに

思い立ったら即行動に移すタイプなので、出会いのチャンスは多いですがピンとくる相手は少ないかも。ですが行動し続けると、お金持ちとの縁があるのでそのチャンスを見逃さないように。

Destiny Code 1
チャレンジャー

電光石火

好きになったらすぐ行動

恋愛も仕事もスピード勝負のあなた。ダラダラと時間をかけたり、相手のペースで進めるのは苦手。相手に対して脈がないと思えば、すぐに別の人を探せるくらい切り替えも早いです。

Destiny Code 4
クイーン

誠心誠意

好きになったら一直線

好きな人に対しては駆け引きをすることなく、ストレートに感情を伝えるのがクイーンの特徴。好きだからこそ相手の気持ちよりも自分の気持ちを優先しますが、そこに嘘や偽りはありません。

Destiny Code 3
ティーチャー

灯台下暗し

実は隣に運命の相手が

恋愛に奥手で慎重派なティーチャーは、いい出会いにめぐり会えずモヤモヤすることも多いはず。しかし運命の相手は意外と近くにいるかもしれないので、少しだけ視野を広げてみて。

第3章 恋愛 あなたへの恋愛格言

Destiny Code 6 メッセンジャー

疑心暗鬼

石橋を叩きすぎる警戒心

相手を知ろうとする意欲が強い一方、しっかりと知るまで一線を越えることにためらいを感じます。考えすぎてしまうことが多いので、相手の行動ひとつで悩んだり早とちりしてチャンスを逃しがちに。

Destiny Code 5 キング

頑固一徹

いつでもゴーイングマイウェイ

自分から好きになった人でも、自分の考えや態度を曲げることはありません。相手に求めることも多く、自分のペースや考えを理解してもらえないと「自分に合わない」と見切りをつけてしまうことも。

Destiny Code 7 ラバー

以心伝心

心の繋がりを大切に

愛情を求め続ける恋愛体質なので、心と心で通じ合っている、つながっていると実感できることを大切にします。愛情をわかりやすく表現してくれる人となら、ヤキモキすることなくおつき合いできます。

Destiny Code 9 バランサー

七転八起

転んでもすぐに起き上がる

失恋してもあまり引きずらず、何度も転んでは起き上がるような激しい恋愛を繰り返す傾向があります。違う相手にも同じ失敗をしがちなので、冷静に振り返る時間をつくってみるといいでしょう。

Destiny Code 8 ファイター

猪突猛進

体当たりで幸せをつかみ取る

何事にも全力で向かっていくあなたは、恋愛でも当たって砕けろの精神で臨みます。自分の感情のままに行動して空回りすることも多いので、ときには一歩引いて客観的に考えてみるのも成功の秘訣。

あなたの結婚について

恋愛の先に待っているのが、結婚という人生のターニングポイントです。結婚したらどんな生活を送るようになるのか、そもそも自分が結婚に向いているのかどうかなどを知っておきましょう。

第3章 恋愛 あなたの結婚について

Destiny Code 2
マジシャン

**仕事と家庭を上手く両立。
お金持ちとの出会いも多いが
進展は遅くなりがち**

仕事と家庭をバランスよく両立させて、理想的な結婚生活を送れるタイプ。お金持ちとの縁にも恵まれやすいですが、自分の中でスイッチが入らないと進展はなく、結婚は遅くなる傾向にあります。

Destiny Code 1
チャレンジャー

**恋人とは結婚が
前提のつき合い。
サプライズ＆イベント大好き**

恋人に対して誠実なあなたは、結婚を前提につき合うタイプです。記念日のサプライズだったりイベントが好きなので、結婚相手は楽しく過ごせるでしょう。子どもができると子どもに過干渉しすぎる面も。

Destiny Code 4
クイーン

**理想の家庭を築ける。
自然と異性との縁があり
支えてくれる人と好相性**

誰もが羨むような、幸せいっぱいの家庭を築くことができます。自分の好きなように過ごしているだけで自然と異性は寄ってきますが、自分がサポートする側に回るとドロ沼になってしまうかも。

Destiny Code 3
ティーチャー

**適切な距離感を保って
ストレスを感じない相手が◎。
結婚第一に行動すべし**

一緒にいてストレスを感じず距離感を程よく保てる相手と、お互いのパーソナルスペースを尊重できれば上手くいきます。いつか結婚できると思わず、結婚第一で考えないといつまでも独身のままです。

第3章 恋愛 あなたの結婚について

Destiny Code 6 メッセンジャー

結婚後は相手に尽くし公私を完璧に両立。ただスイッチが入りにくい

結婚すれば相手に尽くしてあげられるタイプで、仕事も子育ても家庭も疎かにせず、いい親でありいいパートナーにもなれます。その代わり恋愛、結婚のスイッチがオンになりにくい人が多いです。

Destiny Code 5 キング

結婚はゴールじゃないが、メリットがあればすぐ入籍。仕事中心にならないように

結婚が恋愛のゴールとは考えていなくて、入籍にもこだわりはなし。でも結婚が自分のメリットになるとわかれば、あっさりする極端なタイプ。仕事ばかりしてしまうと、家族に寂しい思いをさせるかも。

Destiny Code 7 ラバー

いつまでもホットな関係を熱望。特別扱いしてくれる裕福な人をターゲットに

パートナーにいつまでもホットな関係を求めるタイプで、結婚後もマンネリしない関係を築けるなら長続きします。自分を特別扱いしてくれて、経済的に裕福な人がいればすぐに結婚してもよし。

Destiny Code 9 バランサー

相手の甘やかしすぎに注意。複数回の結婚の可能性が高く、授かり婚も多い傾向

相手に尽くしすぎてしまう性格から、パートナーがあなたに甘えてしまう可能性があります。移り気な部分もあるので、何回も結婚を経験する人や、授かり婚が多いのもこのタイプの特徴です。

Destiny Code 8 ファイター

結婚するかを明確に求める。たゆまぬ努力を重ねて理想の生活を実現

曖昧な関係でつき合い続けるのが好きではなく、結婚という答えはハッキリと出してほしいタイプ。自分が理想とする家族像や結婚生活をとことん追求して、多大な努力で実現させていきます。

あなたの結婚の時期は?

結婚のチャンスがめぐってきやすい時期や、その時期にどういったことが起きるのかを知っておくことはとても重要です。チャンスが訪れる時期に備えて、今から対策を練っておきましょう。

第3章 恋愛 あなたの結婚の時期は?

Destiny Code 2 マジシャン

恋に臆病な自分から脱却。
結婚への意識が高いうちに行動

結婚チャンス 23歳／28〜32歳／47歳／51〜56歳

一気に恋愛モードに入る時期で、今まで結婚に興味がなかった人でも意識することになるでしょう。しかしこの時期を逃すとまた結婚への意欲が落ちてしまい、実りのない恋愛を繰り返すハメに。

Destiny Code 1 チャレンジャー

タイミングを逃すと
結婚しないままになる恐れも

結婚チャンス 22歳／27〜31歳／46歳／51〜55歳

恋愛力が高まる時期なので、自然と結婚願望が芽生えてきそう。仕事人間で結婚をついつい後回しにしてしまいがちのあなた。この年齢は結婚を意識するのに丁度良いはず。タイミングを逃さないで。

Destiny Code 4 クイーン

女王の魅力が最高潮に！
プロポーズの兆しあり

結婚チャンス 25歳／30〜34歳／49歳／54〜58歳

この時期にはさらに魅力が高まるので、異性からの注目が集まります。女性ならプロポーズを受けやすく、男性は逆にプロポーズするのに最適。恋愛そのものにも積極的になれそうな時期です。

Destiny Code 3 ティーチャー

慎重派でも大胆に
気になる相手にはアプローチを

結婚チャンス 24歳／29〜33歳／48歳／53〜57歳

愛が形となって実りやすい時期なので、普段は奥手で慎重派のあなたでも自然と家族や愛を求めて行動するように。少しでもいいなと思う相手に出会ったら、恐れずに自分からアタックしてみましょう。

第3章 恋愛 あなたの結婚の時期は？

Destiny Code 5 キング

幸せが訪れる絶頂期。
チャンスを逃すと仕事人間に

結婚チャンス 26歳／31〜35歳／50歳／55〜59歳

総合的に運勢がよく、幸せな出来事が起こりやすい時期。この時期は異性との出会いも多いですが、その反面愛のチャンスを逃すと仕事に力を入れるようになって、一気に婚期が遠のいてしまいます。

Destiny Code 6 メッセンジャー

理想の相手に恵まれる。
他人よりも自分を優先に

結婚チャンス 27歳／32〜36歳／51歳／56〜60歳

恋愛が絶好調な時期で、理想の相手と出会える確率も高まりそう。ただし、人のことばかり優先してしまうところがあるので、この時期だけは自分の愛や結婚を最優先に行動すると幸せを掴めます。

Destiny Code 7 ラバー

恋愛が運命を決める。
奇跡の出会いを逃さずに

結婚チャンス 28歳／33〜37歳／52歳／57〜61歳

恋愛が上手くいっているかどうかによって、運命全体が大きく左右されるあなた。この時期に出会った人は幸せをもたらしてくれます。まさに運命の相手と呼べる人なので逃さないようにアプローチを。

Destiny Code 8 ファイター

ストイックになると婚期を逃す。
恋愛への意識を高めて

結婚チャンス 29歳／34〜38歳／53歳／58〜62歳

ストイックで頑張り屋なあなたは、この時期を逃すと、仕事や趣味などに気を取られて婚期が遅れてしまいそう。恋愛に時間と意識を割くようにして、大事なチャンスをしっかり活かしましょう。

Destiny Code 9 バランサー

ダブルおめでたが起きやすい。
つねに心構えをしておこう

結婚チャンス 30歳／35〜39歳／54歳／59〜63歳

ふたつの幸せが同時に舞い込みやすい時期なので、結婚と妊娠といったダブルのおめでたいことが起こるかも。人生が激動することにもなるので、しっかり心構えをしておきましょう。

あなたの離婚の危機は?

結婚イコール幸せとは限らないのが、人生の難しいところ。どんな円満な夫婦でも離婚の危機が訪れる可能性は秘めています。そのきっかけや解決法などを事前に知っておくようにしましょう。

第3章 恋愛 あなたの離婚の危機は?

Destiny Code 2 マジシャン

- 性格の不一致
- パートナーが働かない
- 金銭トラブル

趣味や価値観がパートナーと合致することを理想とするあなたにとって、価値観のズレは離婚の危機。お金の使い方が上手なぶん、パートナーが働かず金銭トラブルが起きると一気に気持ちが冷めます。

Destiny Code 1 チャレンジャー

- セックスレス
- マンネリの関係
- 家庭に縛られる

考えや価値観を押しつけられたり、口出しされることを嫌うあなた。家庭に縛られたり、お互いのパーソナルスペースが守られなくなると離婚危機が迫ります。セックスレスやマンネリも危険です。

Destiny Code 4 クイーン

- 愛を感じなくなった
- 不倫や浮気の前兆
- 金銭問題にも細心の注意を

愛されていないと感じるようになったら、パートナーの不倫や浮気を疑ったほうがいいかもしれません。また借金や相手の収入減少など、金銭面のトラブルも離婚の火種になりやすいです。

Destiny Code 3 ティーチャー

- 家族や親族との関係性
- 言いたいことを我慢
- 生活リズムの不一致

家族や親族との関係性が悪化すると、パートナーに対しても苛立ちが募ってしまいます。そこで気を遣って言いたいことを我慢したり、生活リズムが合わずすれ違いが続かないようにしましょう。

第3章 恋愛 あなたの離婚の危機は？

Destiny Code 5 キング

・仕事に口出しされる
・お金の問題
・生活を管理される

高い意識で仕事に打ち込むタイプなので、パートナーに口出しをされると口喧嘩に発展しやすくなります。また尻に敷かれたり亭主関白だったりすると、身動きがとれない苛立ちから別れを考えるように。

Destiny Code 6 メッセンジャー

・連絡頻度の低下
・コミュニケーション不足
・相手への尊厳がなくなる

仕事やほかの人との予定などを優先するあまり、段々と連絡が疎かになっていき、コミュニケーション不足に陥りやすくなります。相手への尊敬がなくなってしまう前に、歩み寄ることが大切です。

Destiny Code 7 ラバー

・性の不一致
・愛を感じない
・浮気は最悪

大切な愛情表現のひとつである性交渉がレス気味になったり、体の感覚が合わなくなると愛されていないと感じるようになってしまうかも。もしも浮気といった不義を働かれたら、一発アウト。

Destiny Code 8 ファイター

・乱暴な態度で千年の恋も冷める
・嘘や隠し事は言語道断
・いつでも誠実な関係で

自分だけでなく子どもが乱暴な態度を受けると、それまで最高のパートナーと思っていた相手でも一瞬で冷めてしまいます。また嘘をつかれたり隠し事をされることが嫌いで、誠実な対応をつねに求めます。

Destiny Code 9 バランサー

・ほかのことに興味が移る
・魅力を感じなくなる
・子育てに参加してくれない

ほかのことに興味が生じて、パートナーに対して魅力を感じなくなることがしばしば起きます。子供を大切にするので、相手が子育てに積極的ではないことがわかるとさらに不仲が加速することに。

あなたの恋愛失敗パターン

お付き合いしても長続きしなかったり、同じ失敗を繰り返してしまうような人は自分の恋愛失敗パターンを知ることが大切。これを読んで、次の恋愛は幸せなものにしていってください。

第3章 恋愛 あなたの恋愛失敗パターン

Destiny Code 2 マジシャン

- 価値観が合わない
- 話が合わない
- 相手に合わせすぎる

直感を信じて行動するタイプなので、価値観や考え方が合わないだけで恋人との仲に亀裂が走ってしまいます。話が合わない相手に無理やり合わせようとしても、結果的に上手くいきません。

Destiny Code 1 チャレンジャー

- 相手とのつめすぎた距離
- 独占欲から重いと言われる行動
- 急ぎすぎの決断

独占欲から恋人との距離をつめすぎてしまってウザがられることも。束縛を嫌う相手なら、ある程度の距離感が必要です。重いと言われないよう注意して。急ぎすぎる決断にも気をつけましょう。

Destiny Code 4 クイーン

- 金銭感覚が合わない
- 贅沢ができない不満
- 相手を甘やかしすぎてしまう

お金の使い方が思いきりのいいクイーンは、金銭感覚が噛み合わない相手と付き合っていると贅沢ができず不満が蓄積しやすいはず。また、ついついパートナーを甘やかしすぎるのも注意。

Destiny Code 3 ティーチャー

- 同性の友達を優先
- SEXが少ない
- 愛情表現が淡泊

多くの人とコミュニケーションをとることを重んじるので、同性の友達を優先して恋人との距離が離れてしまうことも。さらにSEXの回数が減って、愛情表現が淡泊になると破局の危機なので要注意。

Destiny Code 6 メッセンジャー

- 関係のマンネリ化
- 愛情表現が伝わらない
- 細かいことを指摘しすぎ

相手を楽しませること、お互いに楽しむことを重視するためマンネリな関係になると危険信号。ただ自分から愛情表現を示すことが苦手で、必要以上に細かいことを言いすぎてしまう恐れもあります。

Destiny Code 5 キング

- 命令口調が強い
- 冷たく当たりがち
- ライバル意識の芽生え

征服欲が強いキングは、命令口調が強くなってパートナーに対して冷たい言葉をぶつけてしまう傾向に。またパートナーも仕事ができるタイプだと、ライバル視するようになって溝が生まれやすいです。

第3章 恋愛 あなたの恋愛失敗パターン

Destiny Code 7 ラバー

- 求める愛が大きい
- 束縛が激しい
- 独占欲が強い

つき合いが長くなるほど相手に求める愛がどんどん大きくなって、無意識のうちに自分本位になってしまいます。さらに束縛まで強くなった結果、相手に逃げられてしまわないように気をつけましょう。

Destiny Code 9 バランサー

- 相手へのときめきの薄れ
- 冷めてしまう瞬間
- 異性の友人と仲良くしすぎ

パートナーには異性としての魅力をいつまでも持っていてほしいタイプなので、関係が長続きすると魅力が薄れたと感じてしまうことも。その反動で、異性の友人と仲良くしすぎる傾向があります。

Destiny Code 8 ファイター

- 自分のことを優先
- 相手の行動を制限
- 思い込みの激しさ

自分自身の都合や興味があることばかりを優先して、相手の行動を制限してしまう傾向に。また思い込みが激しく頑固な一面もあるので、相手の意見にしっかりと耳を傾けることが大事です。

SNSでまるわかり！
モテるorモテない行動パターン インスタグラム編

ビジュアル重視のインスタグラムは、センス次第で明暗が大きく分かれる諸刃の剣。写真選びだけじゃなく、ハッシュタグや添える文章も含めて注意すべきポイントを覚えておきましょう。

column 3

♥モテるタイプ♥

男女共通
- 統一性がある見やすいフィルター加工
- 投稿内容が充実している
- いいね！やコメントを駆使している
- 文章がわかりやすい
- ファッションや趣味など投稿内容にこだわりがある
- フォロワー数よりフォロー数が多い

女性
- 手料理の写真をアップしている
- 親しみやすい庶民的な投稿がある
- 他撮りが多い
- メッセージ機能を活用している

男性
- ファッションへの感度の高い投稿
- 旅行によく行ってて只者じゃない感
- 音楽や車など趣味がかっこいい
- 仲間を大切にしてる感

✕モテないタイプ✕

男女共通
- ハッシュタグがやたらと多い
- アカウントが非公開である
- 更新頻度がやたらと多い
- ペットの写真が多い
- インスタゴールデンタイムを逃している
- 自撮り投稿が多い ナルシスト

女性
- 異性との写真が多い
- 顔の角度がいつも同じ
- 高級な料理の写真や高い買い物をした投稿が多い

男性
- いいね！をしない
- 流行りのものばかり
- 生活感があまりにも見える
- ハッシュタグが面白くない

　〝インスタ映え〟という言葉が生まれるほど、インスタグラムに素敵な写真を投稿することは世間的に大きなステータスとなっています。それゆえにセンスの優れた投稿も多いので、普通に写真をアップしていても埋もれてしまい注目されないままに。また検索用のキーワードにもなるハッシュタグ選びも、センスの見せどころ。とくに男性の場合は、ここで面白くないハッシュタグを設定してしまうと、写真が良くてもモテとは無縁になってしまうので注意しましょう。とにかく写真の見やすさや内容にこだわりつつ、決してナルシストにならないというバランスを重視するのがポイント。また、生活がインスタに振り回されないようにすることも大切です。
　女性なら自分を綺麗に見せたい、可愛く盛れた自分を載せたいという気持ちを抑えて、手料理だったり生活感の溢れる写真を投稿すると非常にポイントが高いです。男女どちらにも言えますが、1日に何十回もアップするような更新のしすぎには要注意。

第4章

あなたの金運チェック

生きていくうえで、お金は必要不可欠なもの。第4章では、あなたの金運を調べます。使い方からお金めぐりの良い時期、トラブルに至るまで、お金のアレコレを徹底調査！

あなたはお金持ちになれるか？

あなたがどれくらいお金持ちになれるのか、そしてどうやってなっていくのかを探っていきます。Destiny Codeごとに違う秘訣も覚えておき、将来への備えにしておきましょう。

第4章　金運　あなたはお金持ちになれるか？

Destiny Code 1
チャレンジャー
成り上がりタイプ

自分の決断や行動次第で一代でも富を築ける実力あり

働くことが好きな仕事人間のあなたは、稼ぐことに生きがいを感じます。若いうちからビジネスチャンスを掴めるポテンシャルを持っているので、自分のアクション次第で一発逆転が起こり得ます。

Destiny Code 2
マジシャン
玉の輿タイプ

引き寄せ力が強くお金持ちを引き寄せやすい

個性的な感性を持ち、ステータスの高い異性から好意を寄せられやすいタイプ。お金持ちの方の心を引き寄せる魅力を放ち、高い水準での生活を送っていけます。最も玉の輿が多いDestiny Codeです。

Destiny Code 3
ティーチャー
大器晩成タイプ

行動力があり、社交性も高い。言葉に関わる仕事で才能発揮

行動力があって聡明であり、かつ社交性も高いためビジネスを成功に導ける性質を持っています。言葉や文章に関わる業界など、才能を活かせる仕事に就くことで自然とお金もついてきます。

Destiny Code 4
クイーン
成功者タイプ

どんな仕事においても結果を残せる。上に立って大勢の人を引っ張っていく

向上心が高く、どんな仕事に就いても成功を収められる力があるので、会社において重要なポストを任されることも。優れた才能を持っていて、ステータスの高い異性との縁も築かれやすいです。

第4章 金運 — あなたはお金持ちになれるか?

Destiny Code 6 — メッセンジャー

協調タイプ

人との縁で成功を引き寄せる。組織をまとめるのも得意

あなたは大きなビジネスを展開するよりも小さなことを積み上げていくことを得意としています。人と人とのつながりの中でチャンスを掴みやすく、指導力の高さから組織の長を任されやすいです。

Destiny Code 5 — キング

成り上がりタイプ

お金や権力との縁が深い。人を使うことで大成功を収める

お金や権力に最も縁があるタイプ。自分の長所を知り、得意な分野の仕事に就くことで大成功を収めるように。鍵になるのは人の使い方で、周囲からの協力を上手く得ることで強固な城すらも築けます。

Destiny Code 7 — ラバー

わがままプリンセスタイプ

自分で稼ぐタイプではない。パートナーの収入が大事

あなたはバリバリ働いてお金を稼ぐという人ではありません。周りから愛されるプリンセスタイプはパートナーの収入が非常に重要で、どのような方と縁を深めるかで未来が大きく変わります。

Destiny Code 9 — バランサー

バランスタイプ

才能豊かで副業もこなせる。力を発揮できる環境づくりが大事

多才なあなたは副業においても成功を収めやすいと言えます。才能を発揮できる環境があればしっかりお金を稼げます。理想だけを追い求めるのではなく、現実的な金銭面に目を向けるのが鍵に。

Destiny Code 8 — ファイター

じっくりコツコツタイプ

自分自身の努力で収入を得る。楽に稼げる仕事よりやりがい重視

もともと金運が強く、自分の頑張り次第でそれなりの収入を得られるタイプ。楽な仕事に就くのではなく、やりがいを重んじましょう。持ち前の粘り強さによって大きな成功を手にできます。

あなたのお金の使い方は?

コツコツ貯蓄するタイプなのか、それともバンバン散財してしまうタイプなのか……。お金の使い方に性格は大きく表れるもの。どう使えば無駄にならないのか、知っておきましょう。

Destiny Code 2
マジシャン

散財タイプ

好きなことにお金を惜しまない。衝動買いしてしまうことも

自分の好きなことには惜しみなく浪費してしまうタイプ。その時の感情を優先して後のことを考えずに高価なものを買ってしまうこともしばしば。いくら良いものでも必要かどうかの選り分けは大事。

Destiny Code 1
チャレンジャー

散財タイプ

つい人に奢ってしまいがち。また稼げば良いと楽観的

ケチケチするのが嫌いで、楽しいことにパーッと使ってしまうタイプ。「お金は使ってもまた稼げば良い」という楽観的な考えを持っています。必要のない無駄な奢りは控えたほうが双方のためです。

Destiny Code 4
クイーン

投資タイプ

資産運用に関心が高い。お金の使い所の見極めが上手

あなたはもともと資産運用に高い興味を持っています。浪費を避けるような行動ができ、お金の使い所をきちんと見極められるタイプです。そのため投資による蓄財を推し進められる人と言えます。

Destiny Code 3
ティーチャー

投資タイプ

投資で才能が光る。計画性が大事

投資を行うことで地道に貯蓄を増やせていけます。ですが大金を動かすような度胸は控えめなので、なによりも計画性を重んじてください。勢いに任せた大胆な行動とは縁を切るようにしましょう。

第4章 金運 あなたのお金の使い方は?

第4章 金運 — あなたのお金の使い方は？

Destiny Code 6 メッセンジャー
貯蓄タイプ

現実思考で将来を見据える計画的な資産運用

現実をまっすぐに見つめているため、将来のための行動を起こせます。人付き合いでお金が出ていくこともありますが、基本的に資産の運用は計画的であり、興味があることでも浪費はしません。

Destiny Code 5 キング
散財タイプ

欲しいものは絶対手に入れる物欲も人一倍

自分のほしいものはなにがなんでも手にしなければ気が済まないタイプ。感情や衝動に任せて浪費してしまうことも珍しくありません。物欲に正直で、思考よりも行動が前面に出てきてしまいます。

Destiny Code 7 ラバー
散財タイプ

自己投資に出し惜しみしない。節約やケチは嫌い

自分の成長に繋がることに積極的に投資するタイプ。節約は苦手でお金払いがいい。楽しいことにも惜しみなく金銭を用いるため、貯蓄ができないという状況に追い込まれることもしばしば。

Destiny Code 9 バランサー
貯蓄タイプ

使うときは一気にお金を使うメリハリのあるタイプ

お金を使う時と節約する時のメリハリがしっかりしており、感情に任せるような使い方はしません。基本的に好きなものに対して金銭を惜しむことはなく、使う時は一気に大きなお金を動かすことも。

Destiny Code 8 ファイター
貯蓄タイプ

お金に対して真面目。投資にも適性がある

お金に対して真面目なあなたは無駄な買い物はせず、堅実な姿勢を崩しません。危ない橋を渡るようなギャンブル性の強い行動とも縁がないため、投資などにも適性があると言えるでしょう。

一攫千金のチャンス！
お金めぐりの良い時期

人生のどんなタイミングで一攫千金のチャンスがやってくるのかを、ここで探っていきましょう。お金が巡りやすい時期こそ人生の頑張りどきなので、今から準備をしても遅くありません。

Destiny Code 1 チャレンジャー

金運◎ 22〜24歳／32〜36歳／46〜48歳

アクションを起こした分だけ
お金を手にできる

行動力こそあなたの真髄。この時期は動けば動いた分だけお金が入ってきます。新しいことにどんどんチャレンジしましょう。考えているだけで行動できないと、金運も停滞してしまいます。

Destiny Code 2 マジシャン

金運◎ 23〜25歳／33〜37歳／47〜49歳

直感力が成功の鍵。
考える以上にまずは行動を

直感力やひらめきに優れるあなたの理想が現実になりやすい時期。綿密に計画を立てるのも非常に大切なことですが、思い切って行動に移すことが大きなお金を引き寄せるきっかけになります。

Destiny Code 3 ティーチャー

金運◎ 24〜26歳／34〜38歳／48〜50歳

積み重ねてきたことが花開く。
努力が報われるとき

これまでに学んだことや成し遂げてきた実績がお金になって自分のもとに返ってきます。努力が無駄になることはなく、きちんと結果を伴って生活に反映されるので日々の積み重ねを大切に。

Destiny Code 4 クイーン

金運◎ 25〜27歳／35〜39歳／49〜51歳

結果が得られやすい時期。
お金の回りが良くなる

努力が地位や名誉という形を得て還元されやすくなる期間。力を注いでいる物事に結果が出やすく、収入アップも見込めます。お金の回りが良くなることで生活だけでなく心も豊かになるでしょう。

第4章　金運　一攫千金のチャンス！お金めぐりの良い時期

第4章　金運　一攫千金のチャンス！お金めぐりの良い時期

Destiny Code 6 メッセンジャー

金運◎ 27〜29歳／37〜41歳／51〜53歳

**出会いが増えて
ビジネスチャンスを獲得**

多くの人と出会える機会が増えることで大きなビジネスチャンスやオファーが舞い込んできます。縁の繋がりが大きな富を引き寄せるきっかけになるのでひとつひとつをないがしろにしないで。

Destiny Code 5 キング

金運◎ 26〜28歳／36〜40歳／50〜52歳

**キャリアアップを果たせる。
周囲からの信頼も得やすい**

頑張ってきたことの功績が認められてキャリアアップを果たしやすい時期です。これまでの姿勢を周囲からも高く評価され、信頼も得やすくなるでしょう。自ずと金運もアップし、富を得ることに。

Destiny Code 7 ラバー

金運◎ 28〜30歳／38〜42歳／52〜54歳

**周囲の注目が集まる時期。
どんな行動を起こすかが大事**

周囲の視線が自分に集中しやすい時期のため、どのような行動を起こすかが大きな意味を持っています。自身の想像を上回るような大抜擢や大出世も叶えられやすいので、なにを成すかを吟味して。

Destiny Code 9 バランサー

金運◎ 30歳〜32歳／40〜44歳／54〜56歳

**ビジネスの幅が広がる。
バランスを大切に**

副業を大きく飛躍させられたり、ビジネスの幅を著しく広げられます。多くの事柄と同時に向き合うことになるため、バランスを意識することが重要。しっかりと保てればさらなる成功も。

Destiny Code 8 ファイター

金運◎ 29〜31歳／39〜43歳／53〜55歳

**進めてきたことに日が当たる。
お金とともに評価も得られる**

諦めずにコツコツと進めてきたことにようやく日が当たる時期。実績と金銭を得られるばかりでなく周囲からの評価も得られます。努力は裏切らないので長く続けていることに自信を持って。

あなたの お金に苦労する時期

いい時期があれば、悪い時期もあるのが人生というもの。お金のめぐりも決して例外ではなく、金運がいい人でも必ず訪れます。しかし対策をしておけば乗り越えられるのでご安心を。

Destiny Code 1 チャレンジャー

金運× 37～41歳／61～65歳

得意の行動力は控えめが吉。
金銭トラブルからの散財に注意

無理をしても結果に繋がりません。足元を固める修行のときだと思って、落ち着いた対処を。他人の金銭トラブルに巻き込まれやすい時期なので、散財しないよう財布の紐はしっかり締めて。

Destiny Code 2 マジシャン

金運× 38～42歳／62～66歳

ストレスに悩まされる時期。
大きな出費の際はひと呼吸おいて

ストレスが溜まりやすい時期。発散のために次々とお金をつぎ込んでしまうことも。衝動的に購入したものは後悔を生み出す原因になります。その場ですぐ買ってしまわず、ひと呼吸おくのが吉。

Destiny Code 3 ティーチャー

金運× 39～43歳／63～67歳

トラブルに巻き込まれる。
詐欺や借金に注意

思いやりに厚いあなたは思わぬ金銭トラブルに巻き込まれてしまう危険があります。この時期は周囲のことによく意識を向けて下さい。詐欺や借金への注意も怠らないことが安定への道です。

Destiny Code 4 クイーン

金運× 40～44歳／64～68歳

周囲から注目されやすい。
甘い汁を吸おうとする人を警戒

周りの視線を集めやすいため、甘い汁を吸おうとしたり、大きなお金を手に入れるための踏み台としてあなたを利用しようとする人が増えるタイミング。金銭問題が次々に浮上してくることも。

第4章 金運 あなたのお金に苦労する時期

第4章 金運 あなたのお金に苦労する時期

Destiny Code 6 メッセンジャー

金運× 42~46歳／66~70歳

体調を崩す危険性あり。
出費がかさむことも

勤勉で頑張り屋なあなたは周りの人のために全力を出してしまう傾向に。その結果、無理をして体調を崩してしまい、大きなお金を失うことも。家庭の事情で出費が増える危険もあります。

Destiny Code 5 キング

金運× 41~45歳／65~69歳

決断は慎重に。
口車にも乗らないで

この時期思い切った行動を起こしてもうまく進まなそう。すぐに結果をつかむのも難しいので決断は慎重に行うのが良いでしょう。周囲からの甘い誘惑の先にも落とし穴がないかどうか警戒を。

Destiny Code 7 ラバー

金運× 43~47歳／67~71歳

努力が空回りしてしまう。
物欲に溺れてしまってはダメ

好きなものはどんなことをしてでも手に入れようとするあなた。ですがほしいもののために起こした行動は空回りしてしまう時期です。物欲に身を任せるのは大変に危険なことで、注意が必要。

Destiny Code 9 バランサー

金運× 45~49歳／69~73歳

手柄を横取りされる。
裏切られる危険も

豊かな才能を発揮して大きなお金を掴み取れるチャンスを演出しても手柄を横取りされたり、噂話に翻弄されたりする時期。信頼していた仲間から裏切られる恐れもあるため警戒は怠らないで。

Destiny Code 8 ファイター

金運× 44~48歳／68~72歳

先を見据えない行動は失敗の元。
甘い考えは捨てること

先のことに考えを巡らせずに動いてしまえば失敗を引き寄せたり、騙されてしまう危険性が高まります。楽観的な思考は捨てましょう。慎重に行動することで最悪の事態を回避できます。

あなたのお金のトラブルは？

自分では気をつけていても、思わぬお金のトラブルに巻き込まれてしまう可能性があります。あなたに訪れる兆しのあるお金のトラブルを知っておき、心構えをしておくようにしましょう。

Destiny Code 2
マジシャン

才能を利用される

**人の話を鵜呑みにしてしまう。
お金を騙し取られる可能性も**

感性が豊かなあなたは、もともとお金に対する執着心が強くありません。人の話を鵜呑みにしてしまうと、その結果、騙されたり才能を利用されたりする恐れがあります。良い話には裏があることを忘れずに。

Destiny Code 1
チャレンジャー

金を貸して失敗

**信頼してお金を貸しても
返って来ないことが多い**

困っている人がいたら、ついお金を貸してしまいがち。皆が皆、あなたのように善良ではありません。返って来ない前提で貸しましょう。自分で稼ぐタイプのため、借りるより貸して失敗する人です。

Destiny Code 4
クイーン

異性とのトラブルで多大な出費

**口車に乗せられやすい。
詐欺には要警戒**

異性とのトラブルによって大きなお金が出ていきやすいです。パートナーの面倒をみすぎるのも良いことではありません。新たな事業へのお誘いがあっても相手の口車に上手く乗せられないように。

Destiny Code 3
ティーチャー

優しさにつけこまれる

**貸したお金が返ってこない。
泣き寝入りすることも**

思いやりに厚く、周囲からの頼みをむげに断れないあなた。その優しさにつけこむように保証人のお願いをしてくる人も。お金を貸しても関係性の悪化を恐れて不安を胸にしまい込んでしまいます。

第4章　金運　あなたのお金のトラブルは？

Destiny Code 6 メッセンジャー

極度の心配性

必要のない保険に入る。
周囲の言葉を信じて痛い目に

心配性な気質を持っているために必要のない保険に入ってしまうことも珍しくありません。家族や仲間を守るために奮闘しますが、周囲の言葉でリズムを乱され、痛い目に遭うこともしばしば。

Destiny Code 5 キング

見栄を張って豪遊

生活水準を下げれない。
カードで借金地獄に陥ることも

一度上げてしまった生活水準を見栄のために下げれないあなたは、カードで借金をつくってしまう危険があります。ブランドの魅力にも弱く、ステータスを高めるためにさらに借金を重ねる恐れも。

第4章 金運 あなたのお金のトラブルは？

Destiny Code 7 ラバー

好きな人に染まりやすい

貢ぎ癖がある
安定しないその日暮らし

好きな人の色に染まりやすく、貢ぐことにも抵抗を感じません。ダメなパートナーに引っかかってしまえば人生はそのまま下り坂へ。ギャンブルなどにも手を出してその日暮らしの生活に陥ります。

Destiny Code 9 バランサー

面倒見が良く、理想も高い

人情に厚く
借金を肩代わりしてしまう

面倒見がいいために家族や親戚の借金を肩代わりしてしまうあなた。誰の理解を得られずとも良いものを提供したいという高い理想を持ってはいるのですが、実際に得られる利益は多くはありません。

Destiny Code 8 ファイター

こだわりが強い

ギャンブルにはまってしまう。
引き際がわからずに大損

株や投資、ギャンブルなどの資産の運用に関心が高いあなたはこれらのことに積極的にチャレンジします。しかしこだわりが強すぎて周囲からのアドバイスを聞き入れることができずに大損することも。

SNSでまるわかり！
モテるorモテない
行動パターン　飲み会編

一度に多くの人と交流することになる飲み会は、直接自分をアピールする絶好のチャンス。仕事関係や合コンなど、さまざまな場面で役に立つモテ行動をシミュレートしておくといいでしょう。

column 4

♥モテるタイプ♥

男女共通
・聞き上手で質問ができる
・食べ方が綺麗
・「次何飲みますか?」など気遣いができる
・端の席に座らない
・ユーモアがあり話が面白い
・誰にでも対応が変わらない

女性
・さりげないボディタッチをする
・ふわっといい香りがする
・気になる男性と同じドリンクを飲む
・ノリが良く下ネタにも対応できる

男性
・落ち着いた飲み方をする
・ここぞとばかりに仕事の自慢をしない
・特定の子を狙うより雰囲気を大切にする
・さりげなくスマートにお会計
・美味しいお店を知っている

✕モテないタイプ✕

男女共通
・酒癖が悪い、酒に飲まれる
・スマホをずっといじる
・同性同士でばかり話し込む
・乾杯からソフトドリンク

女性
・ファッションが極端
　（完全防備、または露出が激しい）
・不幸自慢をする
・男によって態度が違う
・ハイブランドばかり着ている
・自分の話ばかりをする

男性
・すぐ飲ませようとする
・店員さんへの言葉使いが悪い
・初めましてでタメ語、上から目線
・話がまとまらない、オチがない
・ケチ、割り勘、「奢ってやった」的な態度

　SNSと違い、飲み会では直接会話をすることになるので、あなたの印象を決定づけることになります。気遣いや話の面白さなど、場の空気を重視する行動こそ男女共通のモテ行動。逆に酒癖が悪い人は、好感度を落としやすいので注意が必要です。同性とばかり話してしまうのもマイナスイメージに繋がります。
　女性はボディタッチや同じドリンクを頼むなど、気になる異性にさりげなくアピールすると効果抜群です。ただし露骨に態度を変えてしまうと、性格が悪いと思われて逆効果になってしまうので加減に気をつけて。
　男性で気をつけなければならないのは、どんどん飲ませようとしたりボディタッチをしてしまうこと。またいきなりタメ語や上から目線な発言をするのもアウトです。飲み会そのものが無事に終わっても、会計をスマートに済ませるまでは油断禁物。奢りが必須ではありませんが、奢ってやったという雰囲気は出さないこと。

第 5 章

あなたの
総合運チェック

第5章では、Destiny Codeごとに、性格、仕事、人間関係、お金、恋愛など、各ナンバーの特徴をまとめてチェック。まずは次のページで、全体運から確認しましょう。

あなたの全体運 〜良い時期&悪い時期〜

全体運では、あなたにとっての「良い時期」と「悪い時期」の年齢が一目瞭然。良い時期はチャンスを逃がさないようにして、悪い時期は、我慢も大切です。悩んだときの参考にしてください。

Destiny Code 1 チャレンジャー

◯ 良い時期　22歳／35歳／46歳

強い行動力を持っているあなた。チャンスの時期は、悩んだり落ち込んでいる暇はありません。変に自分にブレーキをかけるのはやめて、アクティブに色んなことにチャレンジすることが大切。驚くほどの大成功を収めることも可能です。

✕ 悪い時期　37〜41歳

悪い時期周りは、持ち前の高いチャレンジ精神はいったんお休みしましょう。無茶をしても良い結果には繋がりません。それよりも、自分の身体のことを考えたり、家族やパートナーといった、いつも支えてくれる人を大切にするといいでしょう。

Destiny Code 2 マジシャン

◯ 良い時期　23歳／36歳／47歳

勘の鋭さが最大の武器なので、「思い立ったが吉日」をモットーにするくらいの気持ちで行動しましょう。我慢はせずに自分のしたいことをして、本音を隠さずに話すことが大切。とくに理由はなくても、直感を信じれば成功に繋がります。

✕ 悪い時期　38〜42歳

持ち前の直感力がやや鈍ってしまうのが、あなたにとっての悪い時期の特徴。そういったときは思ったこととあえて逆のことをしてみたり、周囲の意見に従ってみるといいでしょう。違う考え方を身につけて、良い時期に役立てるのです。

Destiny Code 3 ティーチャー

◯ 良い時期　24歳／37歳／48歳

これらの良い時期は、探究心や知識欲がかつてないほど高まるので、気になっていたことを調べたり興味のあったことに着手してみるといいでしょう。新たな出会いが訪れるだけでなく、天職と呼べるお仕事に繋がる可能性も高いです。

✕ 悪い時期　39〜43歳

これまで駆け抜けてきた日々の反動から、知識欲よりも休みたい気持ちが上回ってしまいがちに。そんな悪い時期は無理をせず、心身を休息させるようにしましょう。元気になれば知識欲が高まり、全体運も再び上昇するようになります。

Destiny Code 4 クイーン

◯ 良い時期　25歳／38歳／49歳

トップクラスの強運体質を持つあなたは、運気のめぐりが良い時期にどれだけ自分の感性に合ったことをやれるかが重要になります。仕事も恋愛も、自分がこれだと思ったことに突き進んでいけば、自然に幸せな方向へ結びついていくでしょう。

✕ 悪い時期　40〜44歳

屈指の強運にもやや翳りが見える悪い時期は、自分を抑える時期といえます。勝ち気なことがウリのあなたですが、あえてそれを抑えて自分の内面を磨くことに専念しましょう。ここを抜けたとき、これまでの経験が花開くことになります。

第5章　総合運　あなたの全体運〜良い時期&悪い時期〜

第5章 総合運 〜あなたの全体運 〜良い時期&悪い時期〜

Destiny Code 5 キング

○ 良い時期　**26歳／39歳／50歳**

才能もカリスマ性も圧倒的なため、味方だけでなく敵も作りやすいタイプ。敵対する意見には惑わされず、自分の信念を貫き通す覇道を歩んでいきましょう。自分が得意だと思う分野に飛び込めば、驚くほどの成果をあげることができます。

× 悪い時期　**41〜45歳**

何をやってもマンネリ化を感じてしまったり、モチベーションが上がりにくくなるのがこの時期。ひとつのことにこだわる必要はないので、気分転換も兼ねて色々なことに挑戦してみると、自ずと自分が進むべき道も見えるようになります。

Destiny Code 6 メッセンジャー

○ 良い時期　**27歳／40歳／51歳**

自らの経験や知識を周囲のために活かすことで、まるでわらしべ長者のごとくあなた自身にも良い形で返ってくるようになります。良い時期にどれだけ多くの人間関係をつくっていけるかが、大きな成功をもたらすための鍵になるでしょう。

× 悪い時期　**42〜46歳**

人のために頑張ろうと思っても、上手く伝わらなかったり空回りしてしまう時期に突入します。ここで周囲との関係が悪化すると泥沼にハマってしまうので、ダメだと思ったら一歩引き、あっさりとした人付き合いに切り替えるのも手です。

Destiny Code 7 ラバー

○ 良い時期　**28歳／41歳／52歳**

愛こそすべてといっても過言ではないあなたですから、良い時期に良い恋愛をできるかどうかが人生を左右することになります。恋愛を最優先に行動して、心惹かれる異性と出会ったら、その人を振り向かせることに全力を注ぎましょう。

× 悪い時期　**43〜47歳**

エネルギー源ともいえる愛情運が低下してしまう時期。恋人がいる人は浮気や不倫などをしやすく、いない人は出会いに恵まれにくくなります。この時期は同性の友人と交流しておくと、後々に良い相手を紹介してもらえる可能性大です。

Destiny Code 8 ファイター

○ 良い時期　**29歳／42歳／53歳**

溢れる闘争心によって、力技で成功を勝ち取っていくタイプ。職場や人間関係で間違っていると思うことは、強気で正していくとその後の環境も良好になるでしょう。つねに自分は正しいんだ、と思う気持ちを忘れないことが大切です。

× 悪い時期　**44〜48歳**

信念の強さが裏目に出て、周囲とのトラブルが生まれやすくなってしまう時期。少しだけ周囲の意見を聞き入れる気持ちを持ってみると、無駄な争いを避けられます。自分にはないやり方を吸収するつもりで、未来への糧にしていきましょう。

Destiny Code 9 バランサー

○ 良い時期　**30歳／43歳／54歳**

仕事、趣味、人間関係など複数の環境をバランス良く成り立たせることが得意なあなた。新しいことに挑戦したり、知らない人と交流を深めると、視野がどんどん広がります。器の大きな人間になって、大成功を収められるでしょう。

× 悪い時期　**45〜49歳**

悪い時期に最も気をつけたいのは、二兎を追う者は一兎をも得ずの状態になってしまうこと。ふたつのことを同時進行するのが上手なあなたも、このときだけは歯車が狂いがちなので、ひとつずつ集中することで失敗を避けられます。

Destiny Code 1 チャレンジャー

自分に正直な飽くなき挑戦者。
強い信念でアクションを起こし、
実力で夢を叶えるパワーを持つ。

チャレンジャーの主な著名人

レディー・ガガ　ウォルト・ディズニー
チャーリー・チャップリン　リオネル・メッシ
ネイマール　タイガー・ウッズ　宇野昌磨
明石家さんま　志村けん　渡辺謙　黒澤明
櫻井翔　大野智　矢沢永吉　イモトアヤコ
菜々緒　梨花　浜崎あゆみ

チャレンジャーの本質

　決まりきった人生なんて、あなたは満足できません。あなたは常に新しいアクションを起こすことで人生を切り開いていきます。バイタリティーにあふれ、故郷を飛び出して夢を追いかけることもあるでしょう。実力主義者で学歴よりも行動力で勝負しましょう。一代でも成り上がっていける、カリスマ性の高いナンバーです。
　自分が認めた相手や仲間、家族や兄弟などの絆を深く重んじますが、逆に嫌いと思った人には容赦なく冷たい一面も。おおざっぱな反面、神経質でこだわり屋でもあります。飽きっぽさは玉にキズですが、興味のあることを追求し、実力で夢を叶えていける人です。

第5章 総合運 Destiny Code 1 [チャレンジャー]

恋愛・結婚

自分からアタックする行動力
両思いなら一途で浮気しない

　男女の友情は信じないタイプで、好きになったらすぐに行動に移したい人です。あの手この手を使って好きな人にアタックするバイタリティがあります。告白してダメならさっさと諦める切り替えの早さを持っていますが、両思いになったときは相手を一途に想い続けられます。その反面、嫉妬心が強く、パートナーのことを束縛してしまうことも。正直者のあなたは嘘や浮気が許せません。相手の浮気がわかると即、別れることになるでしょう。

　結婚は落ち着いたら……と考えているとズルズルとしないままになるので、勢いは大事です。子どもができると口うるさい教育ママ（パパ）になりそうです。

仕事

独立して起業する運気あり
実力主義ゆえに年功序列はNG

　独立してフリーランスになったり、起業をする人がとても多いタイプです。アイディアマンなので、自分が決定権を持てる仕事でなければ輝けません。ルーティンワークをするだけの決まりきった仕事や、年功序列を重んじる職場はあなたには合わないので注意しましょう。

　何でもできるタイプではないので、得意なことと苦手なことがハッキリしています。得意だと思うことだけに絞って仕事をすると、成功につながりやすいはず。

　若くても早くから成功を手にする人が多いので、持ち前のチャレンジ精神でチャンスを掴みましょう。追い込まれるまでダラダラしてしまうことには注意して。

お金

貯めるより稼ぐことが好き
節約家な面と浪費家な面あり

　貯めることより稼ぐことに意義を感じます。ケチケチせずにパーっと使って皆に大盤振る舞いなんてことも。それが目当てのハイエナのような人の餌食にならないよう、自分を守る意味も含めて、奢るのは必要なときだけに留めましょう。どんぶり勘定な一面もあるので、起業した際はしっかりした人に経理を任せることをオススメします。

　大金持ちになっても基本的な生活は変えないタイプなので、お金の失敗は少なめです。ただし、気に入った物に対しては金に糸目をつけないため、大きな買い物をして周囲を驚かせることも。節約家なのか浪費家なのかがわからない人です。

人間関係

好き嫌いが激しく友達は少なめ
カリスマ性が人望を集める

　好きな人と嫌いな人がハッキリしているタイプなうえ、嫌いな人は初対面で感覚的にわかります。その直感はたいてい合っているので、無理に仲良くする必要はありません。一見、人当たりが良いタイプに見えますが、友人選びはかなり慎重なほう。その分、心を許した相手のことは家族のように大切にします。

　周囲のことを気にしなくても、あなたにはカリスマ性があるので勝手に人が集まります。皆を引っ張っていく人望もあるので、頼られることも多くなるでしょう。困っている人は放っておけない面倒見の良い面も。自分が「できる」タイプなので、人を育てるのは苦手です。

Destiny Code 2

マジシャン

ポジティブ思考でミラクルを引き寄せる。
ひらめきと想像力で夢を実現し、
どんどん幸運を呼び込む魔術師。

マジシャンの主な著名人

マドンナ　マライア・キャリー　ケイト・モス
ココ・シャネル　ジェニファー・ロペス　モーツァルト
川端康成　東野圭吾　中田英寿　香川真司
美輪明宏　相葉雅紀　綾野 剛　坂口健太郎
蜷川実花　木村カエラ　石田ゆり子
剛力彩芽　冨永 愛　森 星

マジシャンの本質

　「案ずるより産むが易し」を地で行くような、直感を頼りに行動するタイプ。あれこれと考え込むよりも、ひらめきで行動することで自然と自分が望むことを叶えてしまいます。頭の中で思い描くことを実現する奇跡のような能力の持ち主ですが、悪いことや嫌な想像まで実現してしまうので注意しましょう。
　自分で何が得意なのか、逆に何が不得意なのかを理解している一方で、相手に合わせて本来とは違う自分を演じてしまう一面も。でも度が過ぎなければ、好感度を高める要因となります。直感で良いと思ったことを続けて、誰もが羨む夢物語を引き寄せていきましょう。

第5章 総合運 Destiny Code 2 [マジシャン]

恋愛・結婚

チャンスの多さが落とし穴
過去は気にせず新たな縁を

　縁を引き寄せる力が生まれつき優れているあなたは、恋に発展するような出会いに事欠きません。ただしチャンスの多さゆえに、勢いでお付き合いして後悔してしまうこともあったのではないでしょうか？　でも本当に大事なのは、失敗を引きずらずに次の恋まで走っていくこと。後悔している時間のぶんだけ、素敵なチャンスを逃してしまいます。

　趣味や価値観が合って優しく包み込んでくれる人と相性がよく、そんな人と結婚できれば幸せな生活を手にできます。結婚したあとは、仕事一辺倒にならず少し家庭や家族を優先にすると、心にゆとりができて幸せが続くでしょう。

仕事

常識やルールなんて気にしちゃダメ
オリジナリティを活かす夢の一歩を

　直感に優れているマジシャンのあなたは、考えて行う事務作業よりもクリエイティブな分野で抜群のセンスを発揮します。音楽や芸術といったアーティスティックなセンスを求められる仕事、作家やライターなどの文才が活きる仕事などもピッタリです。

　もしも今の仕事に不満を感じているなら、全く違う分野への転職を考えてもいいかもしれません。趣味や得意分野を活かせるような仕事なら、秘めていたセンスが最大限に発揮されるはず。年齢や学歴は関係ありません。堅苦しいルールにとらわれない、能力を重視する環境を目指して動くのが成功への近道です。

お金

入ったら使う浪費癖に要注意
センスの向上が金運アップに

　貯金が少し苦手で、お金はあるだけ使ってしまう浪費家な一面があります。何でもかんでも使ってしまうというわけではなく、自分が気に入ったものや優れたものに対してはお金に糸目をつけないでしょう。ファッションや旅行など、出費の多いことにハマりやすいので、収入と支出のバランスが崩れてしまわないように注意が必要です。

　金運も優れていてギャンブルやくじでも良い結果が出やすいですが、お金ばかりを求めるようになると逆にあなたの金運は悪化してしまいます。金額ではなく物の良し悪しをしっかり見極めて、センスを磨くと金運も上昇していきます。

人間関係

周りに気を使うよりも
自分の気持ちの優先が成功のカギ

　考えるよりも先に行動するタイプのため、物言いもストレートになりがち。人に対する好き嫌いもはっきりしているせいで、一度苦手だと思った人とはずっと上手くいかなくなってしまうことも多いのです。自分ではわかりやすい性格だと思っていても、周りの人には何を考えているかわからないと思われることもしばしば。なので態度で示すのではなく、言葉で思ったことを伝えるように意識しましょう。だからといって、無理に周りに合わせようとするより、自分が好きな人たちと深くコミュニケーションをとったり、自分の得意分野を活かせる環境を見つけるようにするのがベストな選択です。

ティーチャー

Destiny Code 3

気になることや学びたいことを学び、
知識と経験を積み重ねていく。
世代を超えて慕われる思慮深い人。

ティーチャーの主な著名人

オードリー・ヘップバーン　ジャッキー・チェン
JUJU　クリスティアーノ・ロナウド
王 貞治　松井秀喜　宮崎 駿　木梨憲武
布袋寅泰　星野 源　阿部 寛　高橋一生
秋元 康　福士蒼汰　松任谷由実　MISIA
西野カナ　天海祐希　宮沢りえ　蒼井 優

ティーチャーの本質

　思慮深く探究心も強いため、興味を持ったことに対して深く掘り下げることを得意としています。そしてその探究心から生まれるエネルギーこそ、あなたをより上の段階へ導く糧となるもの。表面的な知識ではなく、本質的な物事を知ろうとする姿勢が気品溢れる魅力を生み出し、外見にも良い影響を及ぼします。忙しいことを理由にして、新しいものに興味を持てなくなったり、学習意欲がうすれてしまうと、途端に魅力も失われてしまうので注意しましょう。
　何事も突き詰める完璧主義者で、周りに頼るのが苦手な一面も。時には弱みを見せることも、新たな魅力を打ち出す秘訣になります。

第5章　総合運　Destiny Code 3［ティーチャー］

恋愛・結婚

時間をかける一途な恋愛
対等な関係が幸せの秘訣

　高い知性を持つがゆえに、恋愛に対しても慎重になってしまいがち。奥手なので自分からアプローチするのは得意ではなく、相手にも脈ありだと思わないと行動には移せないでしょう。誰とでも気軽に付き合うことがないぶん、好きになったら一途になり長続きしやすいタイプです。自分と同じくらいの知性を相手にも求めがちなので、頭の回転が速い異性と出会ったら仲を深めていきましょう。

　恋愛に時間がかかりますが、結婚したあとは良い家庭を築いていきます。パートナーとは対等な関係を維持して、互いに干渉しすぎないことが大切です。家事も話し合いながら分担するようにしましょう。

仕事

あらゆるビジネスに全対応
探求能力を仕事に活かして

　物事の本質を見抜くことに長けているため、どんな仕事であってもそつなくこなしてしまいます。言われたことをどんどん器用にやってしまうため、それが自分のやりたいことでない場合は、少しずつ苛立ちが蓄積してしまうことも。

　どんな業種にも適性がありますが、持ち前の好奇心を活かすなら放送や出版などのメディア関係が特に適職といえます。また教育や医療系、専門職への適性も非常に高いです。情報収集能力と、情報を正しく扱う能力の両方が優れているので、職場の人に絶対的な信頼を寄せられます。ただし仕事中毒になって、パワーを使い果たさないように気をつけて。

第5章

総合運

Destiny Code 3 [ティーチャー]

お金

長いスパンで稼ぐ意識を
得意な知識を活かすスタイルで

　一攫千金を狙うよりも、長期的にコツコツと稼いでいくのに向いた金運の持ち主。株の売買や投資でも大きな才能を発揮しますが、大金を一気に動かす度胸にはやや欠けているので、デイトレードよりも優良な株を固定資産として所持しておくほうが向いています。

　得意な知識を活かして時間や労力を先行投資すると、大金となって返ってくる運勢なのでフリーランスのよう成果を上げ続けるスタイルは天職。確実性のある収入を得ることも金運を高めるのに重要な要素。我慢強い性質も持つので、公務員や事務職など何歳になっても続けられる仕事を見つけるのもいいでしょう。

人間関係

他者とのつながりで幸運体質に
面倒な相手には要注意

　自分ひとりの時間を大切にする一方で、ほかの人とのコミュニケーションを深めていくことで運気上昇に繋がります。性別や世代を問わずに、あらゆる環境で多くの人と接していくことを心がけましょう。

　ただし相手や環境によって、求められるコミュニケーションは違うもの。あなたはそれを察知して、自分自身を演出できるタイプでもあるので、空気が読めない人と接するとペースを乱されて体調不良になってしまうことも。そんなときは本当に信頼できる人だけを集め、楽しい会話をしてリフレッシュしましょう。恋人の前でも自分を演じがちなので、素顔を見せられる関係が理想です。

クイーン

Destiny Code 4

生まれながら「持っている」人。
強運体質でゴージャスなあなたに
我慢なんて似合わない。

クイーンの主な著名人

ポール・マッカートニー　アヴリル・ラヴィーン
ブラッド・ピット　ビル・ゲイツ　ビートたけし
渡辺直美　澤 穂希　桑田佳祐　松田聖子
タモリ　石橋貴明　内村光良　松岡修造
藤原竜也　小栗 旬　松山ケンイチ　小嶋陽菜
加賀まりこ　米倉涼子　デヴィ夫人

クイーンの本質

　全ナンバーの中でも屈指の強運を持っています。ただしその強運を正しく発揮させるには、自分の感性に合致したことをやらなければなりません。もし少しでも幸福感を実感できずにいるのなら、一度気持ちを切り替えて、本当に自分が好きなことは何なのか、自分がやりたいことはどんなことなのかを考え直してみましょう。
　あなたはそこにいるだけで注目を集めてしまう、文字通り"女王"のような圧倒的存在感の持ち主。そんな輝く魅力を持つあなたに嫉妬や逆恨みの念を抱く人もいますが、気にせず我が道を進むこと。自分の考えを信じる強い気持ちを持ちましょう。

恋愛・結婚

愛情表現はストレート
新たな場所に出会いあり

　好きな人ができたら、想いを伝えずにはいられない情熱家。その一方で、実は押しに弱くて惚れっぽいところもあるので、熱心に口説かれるとそのままお付き合いしてしまうことも。恋多き性分なので、良くも悪くも色々な形の恋愛を経験することになります。自分が恋愛から遠ざかっていると感じるなら、普段の生活とは違う場所に出向いてみましょう。ちゃんと着飾ってお出かけすることで、運命的な出会いが待っているはず。

　おつき合いする人のタイプもバラバラなあなたですが、結婚するならライフスタイルを合わせてくれる人が最適。家庭やあなたを優先する人を選びましょう。

仕事

高い意欲が成功に直結
起業に奇跡の縁がある

　本質的な強運体質は、仕事運との結びつきも深いので、ほとんどの職種で一定以上の成功を収めることができます。欲しいものを手にすること、願っていることの実現に全力で向かう意欲が大切に。もしも今の仕事でモチベーションが上がらずに悩んでいるなら、それはあなたに適した仕事じゃないから。社内でのポジションや業務内容を変えてもらうか、いっそ転職してしまうのもあり。

　トップに立つ資質を持っているので、自ら起業し、大成功する運もあります。そういった時に最高のビジネスパートナーを引き寄せるのが、女王の力。憧れていた人に会うチャンスもやってきます。

お金

堅実な第一歩が重要
新しい分野に挑戦しよう

　金運に関しても、クイーンは全タイプの中でトップクラス。とはいえ何でもかんでも手を出してお金を稼げるというわけではないので、まずは身の丈に合った範囲で挑戦してみましょう。はじめの一歩を踏み出すことができれば、少しずつ目標となる金額を上げていくことで最終的に驚くような収入を得ることも夢ではありません。たとえば株やFXのような資産運用をしてみたいと思ったら、まずは堅実な買い方をすることが重要です。アルバイトやパートに甘んじているなら、それはとてももったいないこと。とにかく新しいことに挑戦して、秘めた金運を開花させましょう。

人間関係

人望を集める絶対的なリーダー
周囲との温度差に気をつけて

　同性、異性に関わらずとても広い交友関係を築いていけるタイプ。また女王様らしくリーダーシップに優れているため、周囲からは自然と頼られます。ファッションや仕事のやり方だけでなく、あなたの一挙手一投足にみんなが注目するので、自信に満ち溢れた振る舞いを心がけるとさらに信頼度が増していきます。威厳こそあるものの決して独裁者ではなく、困っている人や悩んでいる人を放ってはおけず手を差し伸べる優しさも持ち合わせています。ただあなたのパワフルな行動力に周りの人がついてこれず、温度差を感じるとついテンションが下がって、やる気がなくなってしまうことには要注意。

キング

Destiny Code 5

大きな目標ほど燃え上がり、
常に自信に満ちあふれた負けず嫌い。
自分で運をつかみにいく王者!

キングの主な著名人

ミック・ジャガー　ビヨンセ　アンジェリーナ・ジョリー
リンカーン　ジャン・レノ　スティーブン・スピルバーグ
錦織 圭　長嶋茂雄　松本 潤　EXILE HIRO
伊調 馨　池上 彰　孫 正義
勝間和代　宇多田ヒカル　中森明菜
吉田美和　篠原涼子　武井 咲

キングの本質

　とにかくさっぱりした性格で、ウジウジと悩んでいるのが嫌いな行動派。自分の実力以上の難題にぶつかることも多いですが、決して後ろ向きにならないのがあなたの強み。むしろハードルが高いほうがやる気がみなぎって、たゆまぬ努力で乗り越えていけます。
　プライドが高くて負けず嫌いなので、できないままでいることや諦めることに耐えられず、やり遂げるためなら努力と時間を惜しみません。周囲の意見に耳を傾ける器の大きさも持ち合わせているので、進むべき道にさえ迷わなければ、まさに一国の王様のようなサクセスストーリーを歩んでいけるでしょう。

第5章　総合運　Destiny Code 5［キング］

恋愛・結婚

好きな人のためなら一直線
婚期を逃す前にひと休み

　カリスマ性に溢れており、自然と異性を魅了してしまう人が多いのがキングの特徴。多くのアプローチを受けても、芯が強いため簡単になびくことはありません。公私ともに異性に囲まれることが多く恋愛経験が豊富だと思われがちですが、自分が好きになった相手としかお付き合いをしないのが、意外にウブな一面も。妥協して付き合うくらいなら、仕事や趣味に打ち込みたいと思ったこともあるのでは？　でも一度好きな人ができたら、努力を惜しまず自分磨きをするのがキングの素敵なところ。結婚に対して特にこだわりはなく、仕事に夢中になって晩婚になりやすいので、息抜きも忘れずに。

仕事

得意分野で絶大な力を発揮
周囲からの嫉妬は気にしない

　ゼロから何かを生み出す才能に恵まれているので、芸能関係やファッション業界など、世間に大きなムーブメントを巻き起こせるような仕事が向いています。
　もしくは趣味の延長線上で商品を作れるようなら、専門的なショップを開くのもあり。自分が得意とする分野では他の追随を許さないような才能を発揮できますが、マンネリ化がとにかく苦手なためにルーティンワークは長続きしません。
　ひとつの物事に対してストイックかつ一匹狼な気質でもあるため、上司や同期から嫉妬の対象になってしまうことも。悪意ある他人の言葉に左右されず、自分を貫くことで成功を収められます。

お金

金銭運は全ナンバーでも随一
浪費家にはならないように

　キングは全Destiny Codeの中で、最も成功者が多く豊かな経済力を手にする可能性が非常に高いです。状況判断能力に優れており迷わない性格の持ち主なので、お金の使い方はかなり豪快。ただし物欲は資金力に比例するため留まるところを知らず、放っておくと浪費癖が悪化して大変なことになってしまいます。
　とくに、稼ぐことよりも使うことに楽しみを見出し始めたら危険信号。少額の買い物なら迷わず買っても大丈夫ですが、大きな買い物をする際は経済に関する知識が強い知人や友人、専門家に話を聞くなどして、無駄な出費は避けて賢い買い物をしていきましょう。

人間関係

八方美人とは真反対
自分の意志を強く持つべし

　表裏がまったくといっていいほどなく、好き嫌いがはっきりしているタイプ。嫌いな人とは表面上だけでも仲良くしたりはせず、かといって陰口を叩くような卑怯な行為もしません。そのかわり誰かがあなたに卑怯なことをしたら、決して許しはせず納得がいくまで本人に問い詰めていきます。そういったまっすぐな生き方は心から信頼できる味方に恵まれますが、どうしても反発する相手も生まれてしまうもの。何か人間関係の問題に直面したときは、さまざまな意見があなたの耳に入ってきますが、最終的には自分で正しいと思った道を進むことで、大きなチャンスに変わっていくのです。

第5章　総合運　Destiny Code 5［キング］

メッセンジャー Destiny Code 6

好奇心旺盛に情報を手に入れ、
聞き上手で伝え上手な伝達師。
人を喜ばせるのが好きな大器晩成型。

メッセンジャーの主な著名人

ジョン・レノン　マイケル・ジャクソン
スティーヴィー・ワンダー　アガサ・クリスティ
アインシュタイン　芥川龍之介　松下幸之助
羽生結弦　井上陽水　北島康介　福山雅治
鈴木京香　山田孝之　黒柳徹子　山口百恵
中島みゆき　杏　米津玄師　石原さとみ

メッセンジャーの本質

　好奇心と知識欲に溢れており、自分の持っている情報や知識を、周囲の人を喜ばせるために正しく伝えられる、メッセンジャーという名前の通りの資質を持っています。人の笑顔を見たい、という思いが根幹にあるので、言葉選びも非常に的確。
　しっかりしているように見える一方で抜けている一面もあるため、決して近寄りがたい雰囲気にはならないのも特徴。老若男女を問わず、親しみを持って接してもらえることも多いはず。慎重派なために同世代が成功を収めていると焦りを感じるかもしれませんが、あなたは大器晩成型なので足場をじっくり固めていきましょう。

第5章　総合運　Destiny Code 6［メッセンジャー］

第5章 総合運 Destiny Code 6 [メッセンジャー]

恋愛・結婚

恋のきっかけは共通の趣味にあり
アプローチは明快かつ積極的に

　完璧主義で潔癖症な一面もあるうえに、趣味に没頭したり、ペットと過ごしたりと、ひとりの時間をまったく苦にしないタイプ。それでいて異性からのアプローチは、態度ではなく言葉ではっきり示してもらわないと気付かない鈍いところも。

　自分からアプローチをする場合も、一生懸命想いを伝えているつもりが半分も届かないことばかり。それでも共通の趣味や話題がある相手を探せば、いい相手にめぐり会えるので諦めないで。

　結婚後は相手のために尽くすようになりますが、ついつい我慢してストレスを溜めがち。爆発する前にしっかり思っていることを相手に伝えるようにしましょう。

仕事

人に教える仕事はまさに天職
結果が出るまでコツコツ努力を

　メッセンジャーは物事を他者に伝える能力に特化しているほか、人前で話すことも苦にならないため、講師や教師といった教える仕事が向いています。また伝える手段には言葉だけでなく文章や絵も含まれているので、文筆業や漫画家、もしくは企業の広報PRなども適職となります。

　ひとりで黙々と作業することもできますし、大人数のチームやプロジェクトをまとめる役割もこなせるため、あらゆる職場で確固たるポジションを掴み取れるでしょう。ただいわゆる天才肌ではなく、努力と経験を重ねて信頼を勝ち取っていく優等生タイプなので、就職もしくは転職直後に結果が出なくても焦りは禁物。

お金

将来を見据える超堅実派
不意に浪費癖が出ることも

　金銭感覚は堅実そのもので、若い頃からしっかりと貯蓄を続けたり、保険にも加入するなど将来の生活が安定することを何よりも優先させるタイプ。また住居に関しては賃貸ではなくローンを組んででも購入するという、長い目で見て行動を起こします。衝動買いすることも少なく、電化製品や車といった高額な買い物をするときは下調べを入念に行い、買うタイミングも含めて絶対失敗しないように努めます。ただし臨時収入があった場合は途端に財布の紐が緩み、一気に浪費することも。ただ物の価値を高い安いではなく、質の良し悪しで正当に判断するため買い物での失敗は少ないでしょう。

人間関係

人と人を繋ぐ橋渡し役
周囲を助けて運気を向上

　外見だけでなく雰囲気からも清潔感を醸し出しており、誰からも好感を持たれるようになるタイプ。頼りがいもあるためお願いごとをされると張り切りますが、そんな親切心につけこもうとする人には注意が必要です。またメッセンジャーであるあなたは、知識や情報だけじゃなく人間関係を繋げることも生きがいのひとつ。

　人の話を聞いてあげることやいい評判を広めることが得意で、人のために力を尽くすことで幸運体質向上にも繋がっていくのです。もしも人の話を聞いてばかりで疲れてしまったら、ひとりで自然溢れる場所に出向いたり、小旅行をしてストレス解消に励みましょう。

Destiny Code 7

ラバー

好きな気持ちは止めようがない
恋愛体質ナンバーワン！
愛されるほど強くなれるプリンセス。

ラ バ ー の 主 な 著 名 人

マリリン・モンロー　フレディ・マーキュリー
テイラー・スウィフト　ジョニー・デップ　イチロー
原 辰徳　本田圭佑　髙橋大輔　大坂なおみ
高梨沙羅　木村拓哉　竹内涼真　尾崎 豊
Yoshiki　椎名林檎　長澤まさみ　新垣結衣
広瀬すず　ローラ　きゃりーぱみゅぱみゅ

ラ バ ー の 本 質

　名は体を表すといいますが、ラバーはまさしく恋愛体質第1位なDestiny Codeです。あなたにとって愛こそが人生における最も大切で、エネルギー源にもなる欠かせない要素に。
　いい恋愛をすることでどんどん幸運体質になって、恋愛以外もすべていい方向へ進み、最高の人生を送れるのです。素敵な恋愛をしている間は、あなたが放つオーラはとても魅力的で、運気もぐんぐん上昇していくこと間違いなし。逆に愛する人が近くにいないと、集中力が落ちてミスを連発。気になる人ができたら、その人に愛される努力をすることで総合的に運気が上昇していきます。

第5章　総合運　Destiny Code 7［ラバー］

恋愛・結婚

人生は愛情が第一
運勢は付き合う相手次第

　全タイプ中で随一の恋愛体質だけあって、大切な人には惜しみなく愛情を注ぎます。愛情の形は恋愛だけに限らず、家族や友人、ペットに対しても愛情深いのが特徴。一目惚れすることが多く、運命の相手だと信じたら年の差や遠距離は気にせず、その恋にひた走っていきます。ただし愛情を最優先にするあまり、既婚者との禁断の恋にハマってしまうことも。お付き合いする人の良し悪しに運勢が左右されるので、相手選びは慎重になりましょう。結婚したあとも、相手から愛されれば愛されるほど、あなたの魅力は衰えません。子どもができても、ふたりの時間は大切にして。

仕事

生まれつきのオーラで魅了
職場恋愛はよく考えて

　生まれながらに人を惹きつける魅力を放っているあなたには、モデルやファッション、美容関係など華やかな仕事が向いています。また芸術面のセンスも優れているので、デザイナーやアーティストのほか、アパレルやセレクトショップのバイヤーなどでも成功が見込めます。
　人の前で怒るのが嫌いなので、我慢することも多くなりがち。でもそんな人当たりの良さを評価されて、渉外担当などを任されることも多いはず。ただしどの仕事を選ぶにしても、気をつけなければいけないのはその圧倒的な恋愛体質。職場の人とついつい深い関係になって、後から気まずいことにならないように。

お金

一定以上の貯金残高が精神安定に
定額貯金で未来への投資を

　あまり収入は気にしないタイプでお金に対する執着心は薄いですが、収入が少ない生活には強い恐怖心を抱きます。
　自分の趣味や好きな人に対して使うお金には糸目をつけませんが、貯金額が目に見えて減ってくると途端に焦りを感じるように。それでも節約することを周囲に知られるのが恥ずかしいと思う性格で、こまめに家計簿をつけることも苦手なので、なかなか貯金は上手くいきません。
　自分の意志で貯蓄する習慣が難しければ、簡単には引き出せない定額貯金をするのも手です。無駄な浪費をしたいわけではないので、事前に投資さえしていればストレスが溜まることもありません。

人間関係

恋愛話のしすぎには要注意
友人との関係も大切に

　恋人ができた途端に、同性の友人との付き合いが悪くなるというわかりやすいタイプ。恋人のことがとにかく大好きで何よりも大事にするので、無意識にのろけて周囲から呆れられてしまうことも。
　あまり恋人の話ばかりしていると友人たちから厄介者扱いされてしまうので、ほどほどにしましょう。同性の友人を誘って遊びに出かけたり、逆に相手の恋愛話を親身になって聞いてあげるなどして、偏った人付き合いをしないように心がけるのが吉です。本質的にラバーは愛されるタイプですから、ひとりよがりにさえならなければ大丈夫。誰からも愛し愛される人生を謳歌していきましょう。

第5章　総合運　Destiny Code 7 [ラバー]

ファイター

強い信念を持ち、全力で努力する人。
タフで熱き闘志のファイターは、
ひたすらストイックに夢を追いかける。

ファイターの主な著名人

ウサイン・ボルト　ロジャー・フェデラー
ジョルジオ・アルマーニ　浅田真央　吉田沙保里
大谷翔平　赤川次郎　三木谷浩史　本田宗一郎
二宮和也　松坂桃李　松田優作　坂本龍一
浜田雅功　安室奈美恵　吉永小百合
芦田愛菜　指原莉乃　二階堂ふみ

ファイターの本質

曲がったことが大嫌いで、実直さや誠実さ、正義感においては右に出る者がいません。心に抱く信念は誰にも曲げることができず、たとえ周りの人すべてを敵に回したとしても、自分が信じた考えを貫き通します。しかしその強すぎる意志は、社会においては軋轢を生む原因にもなりかねません。信念の部分を理解してもらえず、考えを曲げないという点だけに目をつけられてしまい、悩むことも少なくないでしょう。しかしそういった困難こそが、あなたの闘志を燃え上がらせ、最も成長させてくれる状況。

立ち止まることはあっても、挫折や敗北とは無縁な人生なのです。

恋愛・結婚

恋人には甘えるツンデレキャラ
相手に求めるレベルはやや高め

　強い意志を持つためタフに見られがちですが、実は恋愛面だと相手に尽くすというギャップが魅力的。お試し感覚で誰かと付き合うようなことはなく、本当に好きになった人としか付き合いません。好きになるタイプもはっきりしており、容姿端麗なことも重要ですが、それより妥協できないのが尊敬できるかどうかという点。あなた自身が努力を苦にせず仕事でも優秀なため、相手にも同じくらいのレベルを求めてしまいがちに。

　結婚しても自分の力で幸せを掴んでいくタイプで、忙しい中でも家庭や子育てを疎かにはしません。それでも無理はせず、辛いときは周囲を頼りましょう。

仕事

持ち前のガッツで困難を打破
ひとつの道を極める戦士

　闘志溢れるファイターは、どんな困難にも屈しない根性とガッツを持っています。たとえ難しい問題に直面したとしても、それが好きなことや興味のある分野ならば、凄まじい集中力を発揮してクリアしてしまいます。器用に何でもこなすというより、ひとつの道をとことん突き詰める性格なので、芸能関係や職人、もしくはスポーツ選手が向いているほか、学問の分野でも力を最大限に発揮できるでしょう。感覚的ではなく論理的に物事を考える堅実派で、頭の回転も速いので数字を扱う仕事も適職。まずはやれるかどうかよりも、自分がやってみたいと思うことに挑戦してみることが大切です。

お金

金運そのものはとても優秀
仕事選びが運命の分かれ道に

　金運そのものが強く、自身の収入だけでも十分に満足できる生活を送れます。もし突発的な事態で経済的に困ることがあっても、自然と助け舟がやってきて難を逃れることができます。しかし本来の金運を活かすためには、仕事選びの段階で運命が左右されることに。興味があることには絶大な力を発揮する一方で、ファーストインプレッションで嫌だと感じたことには無力なのがファイターの数少ない弱点。力が発揮できなければ金運も弱まってしまうので、最初の感覚を大事にしましょう。お金の使い方はかなり堅実で、ファッションアイテムに関しては金額以上の価値に見せるのが上手です。

人間関係

交友関係は狭く深く
口喧嘩の強さはまさに無敵

　第六感と呼べるほど直感が優れており、一度でも苦手に感じた人とは親しくなれません。それゆえに交友関係は決して広いとは言えませんが、そのぶん仲良くなった友人とは深い絆を築いていけるのです。

　また論理的かつ強気な性格が相まって、口喧嘩においては無双の強さを発揮します。ぐうの音も出ないほど相手を完璧に論破できますが、無差別に争うことはなく、あくまでも相手から攻撃されたときだけ。人と争うくらいなら、あなたは趣味に打ち込んでとことん余暇を楽しみます。大人数での行動も苦手なので、気心の知れた友人と少人数で過ごすか、ひとりの時間を満喫するでしょう。

Destiny Code **9**

バランサー

強さと弱さ、大胆さと繊細さ
ふたつの顔を持ち合わせたバランス感覚。
幅広く活躍できるマルチクリエイター。

バランサーの主な著名人

ミランダ・カー　ジャスティン・ビーバー
ディーン・フジオカ　オノ・ヨーコ　伊達公子
岩田剛典　中居正広　松本人志　田村 淳
ヒロミ　村上春樹　菅田将暉　中谷美紀
北川景子　沢尻エリカ　菅野美穂　土屋アンナ
真木よう子　千秋　森 英恵

第5章　総合運　Destiny Code 9「バランサー」

バランサーの本質

　争い事を嫌う平和主義者で、誰とでも分け隔てなくフレンドリーに接して、周りを自然と笑顔にしていく力の持ち主。困っている人を放っておけない性格で頼りにされるものの、それが思わぬトラブルの種になってしまうことも。悪く言えばお人好しな性格を利用する人に目をつけられないよう、相手の本質はしっかり見極めるようにしましょう。
　またバランサーの人は、人生を通して「2」という数字と縁深い点が特徴でもあります。転勤もしくは遠距離恋愛でふたつの場所を行き来したり、ふたつの家やふたつの仕事などさまざまな形で「2」と関わるのです。

第5章 総合運 Destiny Code 9 [バランサー]

恋愛・結婚

好きな人ができたら猛烈アタック
いつまでもロマンス溢れる関係が理想

いつでも笑顔で陽気に振る舞うため、異性からのモテ度は抜群。アプローチされることには慣れているものの、自分に好きな人ができると気持ちを抑えられなくなってしまいます。あまり深く考えずに大胆なアプローチをして驚かれることもありますが、その愛情に決して嘘はないので相手の心に響いていくのです。ただ突発的な行動を繰り返すと周囲が戸惑い、好きな人にも迷惑をかけてしまうので自制心も大切に。結婚したあとも互いに魅力的でいたいと思うので、ロマンティックな人と好相性です。あなたは尽くすことを苦にしませんが、相手が堕落していかないように甘やかしすぎないこと。

仕事

複数の仕事をこなす行動派
才能を活かせるかどうかが重要に

とにかく多彩な才能を持っており、あらゆる業種で活躍できるバランサー。本業とは別に、まったく異なるジャンルの副業を始めて成功したり、複数の会社を起業するなんてことも珍しくありません。ひとつの仕事を淡々と続けることが苦手で、常に変化を求め続ける行動派。自分の才能を発揮できる環境に身をおくと、どんどん成果をあげて評価を高めていきます。

決して保守的にはならず、新たな手法やビジネスを開拓する精神の持ち主で、ほかの人には成し得ないような大仕事をこなしてしまうでしょう。また自分のことだけでなく、部下や同僚の悩みにもいち早く気付く視野の広さも。

お金

チャンスのキーワードは"変化"
エネルギーの無駄遣いは禁物

目まぐるしい環境に身を置くことでメキメキと頭角を現しますが、変化に乏しい地味な仕事だと才能を持て余して、金運もなかなか上昇していきません。

それだけでなく、有り余ったエネルギーを恋愛に使うと、不誠実な相手に騙されて痛い目にあうことも。仕事でも趣味でも新しいことに挑戦すると、自分でも気付かなかった才能を発揮して大きな収入に繋がっていきます。お金の使い方に関しては非常にバランスがよく、お金をかけるべきときは惜しまず使い、逆に節約できるポイントでは堅実に考えられます。買うべきか迷ったら、直感を信じて動くと損をすることは少なくなります。

人間関係

ひとりと大人数の時間をバランスよく
嫌な相手との交流は絶対NG

ひとりで過ごす時間もみんなとワイワイ騒ぐ時間も、大きな偏りがなく好きなタイプ。交流する人の数が多いほど幸運を引き寄せるので、適度に外出することを心がけましょう。ただ人間関係でショックなことがあると、それを引きずってしまう繊細な一面もあります。なので少しでも危ない人、自分には合わないと思った人とは、心に予防線を張って必要以上に仲を深めないことが大切です。あなたを本当の意味で幸運体質にしてくれるのは、無理することなくありのままで振る舞える相手。不思議な縁に恵まれやすい体質でもあるので、偶然の出会いがきっかけで、人生が大きく変わります。

SNSでまるわかり！
モテるorモテない
行動パターン ビジネス編

column 5

職場恋愛も多い現代社会では、ビジネスにおける振る舞い方もモテに繋がる大きな要素です。モテ度を意識して行動することは仕事の成功にも繋がりやすいので、自分を見返してみましょう。

♥モテるタイプ♥

男女共通
・コミュニケーション能力が高い
・褒めること、慰めることが上手
・裏表がなく誰にでも平等に接している
・自分の考えがしっかりある
・仕事で目標があり頑張っている
・いつも身だしなみを気にしている（清潔感がある）

女性
・わからないことを男性に相談する
・いつでも笑顔
・目を見て挨拶をする
・嫌なことでも率先して動く

男性
・要点を見極めるのが上手い
・自分の強み、見せ方をわかっている
・テンポが良くレスポンスが早い
・楽しんで仕事している
・職場でさりげなく異性をフォロー

✕モテないタイプ✕

男女共通
・愚痴が多い
・デスク周りや身だしなみが汚い
・嫌なことが態度に出やすい
・素直じゃなく言い訳をしがち

女性
・コミュニケーション不足で何でも自分でやってしまう
・言葉遣いが汚い
・手抜きメイク
・完璧主義で隙がない
・自信がなくていつも弱気

男性
・考えが暗い
・全部自分の手柄のように言う
・人に任せっきり
・約束や期限を守らない
・口だけで実力がなく仕事も雑

　コミュニケーション能力が高く、誰とでも分け隔てなく接することができる人は男女問わず異性からの評価も上々です。また成果をあげた人を褒めたり、失敗してしまった人を慰められる器の大きさも大切。仕事に対する意識の高さや努力しているところを見せて、逆に好感度が下がる愚痴や不機嫌な態度は表に出さないようにしましょう。デスク周りや身だしなみが汚くなってくると、心の乱れにも繋がってくるので、キープクリーンを心がけてください。
　男女でモテ行動が反対になりがちなのが、ビジネスにおける難しいところ。女性は自分だけで抱えずに男性に頼るようにして、男性は人に任せるのではなく自ら率先してサポートに回る余裕を見せるのがポイントです。仕事を楽しんでいる姿勢や、笑顔で接することも忘れずに。男性の場合、口先だけで実力が伴わないことが最悪なので、しっかりと能力を高めることも欠かせません。

第6章
未来は明るい！
開運スペシャル

第6章は、開運スペシャル。運が良いものを普段から身につければ、運が開けるでしょう。ちなみに、自分のDestiny Codeナンバーはラッキーナンバーとして使えます。

あなたのラッキーカラーは?

生活の中で多彩な色と触れ合うことになります。どのDestiny Codeがどんな色と相性がいいのか……。それぞれのラッキーカラーと、使い方を合わせて探っていきましょう。

Destiny Code 1 チャレンジャー

ラッキーカラー ブラック／ホワイト

決してブレない白黒が吉

意志の強さが感じられる、白や黒などハッキリした色は、あなたに幸運を呼び込みます。ファッションはモード系を意識したモノトーンコーデを参考に。白黒ボーダーや、黒字に白ドット柄も◎。

Destiny Code 2 マジシャン

ラッキーカラー パープル／ピンク／メタリック

長所を高める魅惑の色使い

パープル、ピンクなど魅惑的な色は、人から好かれやすいあなたの魅力を伝えるのにぴったり。メタリックはカリスマ性を高めますが、自己主張が激しい色でもあるのでワンポイントで使いましょう。

Destiny Code 3 ティーチャー

ラッキーカラー グリーン／ベージュ

調和をもたらす癒しのカラー

人間関係を大切にするあなたにとって、調和をもたらすラッキーカラーとなります。癒しや安らぎのオーラを全面に出すために、ファッションに取り入れるならアウターに使うのが効果的です。

Destiny Code 4 クイーン

ラッキーカラー レッド／グレー

情熱と上品さのバランス

熱いハートを持つクイーンには、燃えるようなレッドがぴったり。上品でお洒落な印象を与えるグレーは、あなたの魅力をより引き立たせてくれるので、2色をバランスよく使うとベストマッチです。

第6章 開運 あなたのラッキーカラーは?

Destiny Code 6 メッセンジャー

ラッキーカラー ブルー／シルバー

魔除けの色でトラブルを回避

協調性や平和な人間関係を意味するブルーは、スタンドプレーより連携重視のメッセンジャーにオススメ。また、邪気を跳ね返し、魔除けの効果があるシルバーで人間関係のトラブルを回避しましょう。

Destiny Code 5 キング

ラッキーカラー ゴールド／ネイビー／ブラック

金運をもたらすゴールドが最適

お金に縁があるキングは、ゴールドがまさにラッキーカラー。判断力が求められるシチュエーションでは冷静さを意味するネイビーを、自分の意見を押し通したいときはブラックがオススメです。

Destiny Code 7 ラバー

ラッキーカラー ピンク／カラフル

ピンク中心にカラフルコーデ

愛情運を高めるピンクは、恋愛第一なラバーには欠かせないラッキーカラー。ただピンク1色にはせず、カラフルな色使いのコーデをすると、人生に恋する喜びと彩りを与えてくれます。

Destiny Code 9 バランサー

ラッキーカラー イエロー／オレンジ

太陽のような明るさを全面に

フレンドリーさがウリのあなたには、親しみやすい雰囲気を醸し出せるイエローやオレンジがラッキーカラーに。服やアクセサリーだけでなく、髪色に取り入れてみてもいいでしょう。

Destiny Code 8 ファイター

ラッキーカラー ブラック／ワインレッド

強さと情熱をひとつに

闘志溢れるファイターにとって、強さの象徴ともいえるブラックはピッタリ。また誰にも染まらないブラックと、情熱を表す赤が混ざったワインレッドも、あなたの長所を伸ばしてくれる色になります。

第6章 開運 あなたのラッキーカラーは？

あなたのラッキーマークは?

どんな企業や団体にもシンボルとなるロゴやマークがあるように、人にも幸運を招くマークというものがあるのです。今までは意識していなかった形が、あなたのラッキーマークかもしれません。

Destiny Code 2 マジシャン

ラッキーマーク **星**

夢を叶える星の輝き

夢の実現に向けて突き進んでいく行動派には、夢を叶える力がある星のマークが最高の後押しになります。流れ星が願いを叶えてくれるように、夢のような幸せがどんどん舞い込んでくるでしょう。

Destiny Code 1 チャレンジャー

ラッキーマーク **太陽**

エネルギッシュな明るさ

前向きなエネルギーにあふれるあなたに太陽はぴったりのシンボルマーク。花丸の代わりに太陽を書いたり、太陽モチーフをキーホルダーにつけて持ち歩くと運気アップ。日光浴するだけでも◎。

Destiny Code 4 クイーン

ラッキーマーク **花**

魅力を振りまく美しい花

同性、異性を問わずに人を惹きつけるクイーンのシンボルといえるのは、美しく咲き誇る花のマークです。とくに鮮やかな彩りの花のマークを身につけると、人生に豊かさを与えてくれます。

Destiny Code 3 ティーチャー

ラッキーマーク **フクロウ**

知のモチーフとなる学問の神様

ヨーロッパでは学問の神や英知の象徴とされているフクロウは、探究心溢れるあなたにとってこれ以上ないモチーフとなります。フクロウがいるカフェなどに行くと、知識欲が刺激されるかも。

第6章 開運 あなたのラッキーマークは?

Destiny Code 6 メッセンジャー

ラッキーマーク 鍵

新たな道への向上心が成長の鍵

向上心溢れるあなたには新しい扉を開くもの、つまり鍵が運気向上を導いてくれます。現状がどれだけ良くてもそこで満足するのではなく、変化を求め続ける精神があなたを成長させてくれるのです。

Destiny Code 5 キング

ラッキーマーク 王冠

威厳を示す王の象徴

説明不要といっても過言ではない、キングの象徴たるマーク。富や名声のほか、優れたステータスを表すものであり、他者に対する威厳を示せます。また自らを鼓舞して、勇気付けるという効果も。

Destiny Code 7 ラバー

ラッキーマーク ハート

愛する気持ちを表現

恋愛こそが人生の活力であるラバーには、ハートのマークがピッタリ。恋愛運を高めるだけでなく、異性に対するアピール効果も。人を愛する気持ちを維持するために取り入れていきましょう。

第6章 開運 あなたのラッキーマークは?

Destiny Code 9 バランサー

ラッキーマーク 羽

大きな目標へ羽ばたこう

大きな目標へ羽ばたくことを意味する羽のマークは、変化が成功の秘訣となるあなたにはバッチリ合います。目標や夢を抱きながら努力することで、羽が生えたかのように大きく前進できるでしょう。

Destiny Code 8 ファイター

ラッキーマーク ユニコーン

夢を実現へと導く幻獣

幻の聖獣であるユニコーンのマークは、夢を叶える実現力を高めてくれる効果があり、目標へ突き進むファイターとの相性は抜群。また角に解毒作用があることから、邪気や不運を祓う効果があります。

あなたのラッキーアクションは?

日々の行動ひとつで、人生とは大きく変わっていきます。どんな行動を心がければいいのかを、ここでは探ってみましょう。決して難しいものではなく、意識ひとつでできるものばかりです。

Destiny Code 2 マジシャン

ラッキーアクション
- 映画や芸術に触れる
- オリジナリティを大切にする

映画鑑賞や読書、芸術に触れることで感性を磨くと幸運を引き寄せます。また最も個性が大切なナンバーなので、人の目を気にしたり周囲に合わせていては、原石のままで終わってしまいます。

Destiny Code 1 チャレンジャー

ラッキーアクション
- 太陽の光を浴びる
- 元気よく笑って過ごす

毎日元気に過ごすには、人とのつながりが大切です。いろんな人とコミュニケーションをとり、協力し合うことでチャンスを引き寄せます。外に出ずに内にこもると、無口になり日を浴びないので×。

Destiny Code 4 クイーン

ラッキーアクション
- トレンドアイテムを取り入れる
- おしゃれなお店で食事する

流行に敏感なクイーンは、お洒落して人前に出ることで自信が身につきます。華やかで素敵な空間が好きなので、元気がないときはおしゃれな空間で食事を楽しむと元気をチャージできるでしょう。

Destiny Code 3 ティーチャー

ラッキーアクション
- 嫌なことははっきり断る
- 新しいことを学ぶ

頼まれると断れないタイプ。それが原因で疲れてしまうことも。嫌なときはNOと断り、自分の時間を大切にするのが吉です。学びがテーマなティーチャーにとって、知識のアップデートも必要不可欠。

第6章 開運 あなたのラッキーアクションは?

Destiny Code 6 — メッセンジャー

ラッキーアクション

- ネットワークを広げる
- 料理をする

周囲に人が自然と集まってくるので、ネットワークが広げられば広いほどチャンスも大きく拡大します。友達やパートナーに手料理を振る舞うことで運気もアップするでしょう。

Destiny Code 5 — キング

ラッキーアクション

- 何事も後回しにしない
- 健康に気を配る

考えるよりも、思い立ったらすぐ行動に起こす強い実行力がチャンスを引き寄せます。根っからの働き者で仕事に集中しすぎると健康面がおろそかになるので、野菜を食べたり、暴飲暴食は避けると◎。

Destiny Code 7 — ラバー

ラッキーアクション

- お洒落をする
- 恋する準備をつねに万端に

自然と人からの注目が集まるあなた。服が地味だったりマンネリコーデだと、魅力も半無しに。人に愛されることで運気が高まるので、いつでも恋愛ができるようにスタンバイしておきましょう。

Destiny Code 9 — バランサー

ラッキーアクション

- 遠慮せずに欲張る
- 自分磨きをする

人よりも多くのものを手に入れられるので、やりたいことや叶えたいことがあるならひとつに絞る必要はありません。人を惹きつける魅力を活かすため、ファッションや髪型は流行を取り入れると◎。

Destiny Code 8 — ファイター

ラッキーアクション

- 何かにチャレンジし続ける
- ひとつの道を極める

攻めの姿勢で物事に挑めるあなただからこそ、どんな夢でも叶えられるはず。失敗を恐れたり、やらないという選択肢はNGです。好きなことや得意なことがあれば、とことん追求していきましょう。

第6章 開運 あなたのラッキーアクションは？

あなたのラッキーアイテムは?

身に着けるだけであなたの運気を高めてくれるのが、ラッキーアイテムと呼ばれるもの。普段使い出来るものも多いので、これからは持ち歩くものにも意識を割くようにしてみましょう。

Destiny Code 2 マジシャン

ラッキーアイテム: サングラス／スマホ／楽器／つけまつげやまつげエクステなど目元にインパクトを与えるもの

目元を派手にして運気をキャッチ

運気のキャッチ力を高める目元にインパクトを与えることが重要なので、男女ともにサングラスがオススメ。発信力が強いからこそ、スマホや楽器で世界中に自己発信をしていくと幸運がめぐってきます。

Destiny Code 1 チャレンジャー

ラッキーアイテム: 帽子／ヘアアクセサリー／ヘアケア商品(シャンプーは品質にこだわるほど◎)／地図／バックパック

頭回りを重点的にケアして

休みの日でも仕事のことを考えてしまうあなたは、常に頭痛に悩まされがち。頭回りのケアをすることは、コリが解消されてストレスを発散できます。旅もリフレッシュできるので、旅グッズも有効。

Destiny Code 4 クイーン

ラッキーアイテム: 上質なランジェリー／ボディークリーム／プチプラよりもハイグレードなアイテム

質にこだわって魅力を高める

自分を魅力的に見せるという高い意識をもつこと、人よりも良い生活を求めることがキーワード。安物を揃えるよりも、ハイブランドのアイテムなど上質なものにこだわるようにしましょう。

Destiny Code 3 ティーチャー

ラッキーアイテム: 歯ブラシ／リップ／グロス／マウスケアグッズ／メガネ

愛情運を司る口元をケア

唇は愛情運を司るポイントなので、口元のケアを意識してコミュニケーションをとることが大切。唇が荒れていたら愛情運低下のサインです。ファッションメガネでコーディネートを楽しむのもあり。

第6章 開運 あなたのラッキーアイテムは?

第6章 開運 あなたのラッキーアイテムは?

Destiny Code 5 キング

ラッキーアイテム　スケジュール帳／サプリメント／ブランド物（とくに王道ブランド）／綺麗な靴

仕事だけじゃなく健康も大切に

仕事を優先するあなたにとって、スケジュール帳はマスト。食事が偏りがちなので、健康面の意識も大切です。誰もが認める王道のブランドや、綺麗に手入れされている靴は仕事運をアップさせます。

Destiny Code 6 メッセンジャー

ラッキーアイテム　パールのアクセサリー／シルクのような肌触りのいいもの／オーガニック／旅行バッグ

異性への魅力をアイテムで向上

シルクのパジャマは性的な魅力を高めてくれます。オーガニックのように体にいいもの、人にオススメしても間違いないものと合わせると吉。旅行バッグは自分の世界観や人脈を広げてくれます。

Destiny Code 7 ラバー

ラッキーアイテム　香水／アロマオイル／レース／花瓶／ドレス／指輪

指輪で信頼関係を強固に

香水やアロマオイルなど、見た目には表れない魅力を高めてくれるもの。女性ならドレスを着ると、相乗効果でさらに魅力アップ。指輪は愛情運を高め、パートナーとの信頼関係を結んでくれます。

Destiny Code 8 ファイター

ラッキーアイテム　こだわりのあるもの／オリジナルアイテム／一点もの／イニシャルアイテム

自分だけのアイテムで個性爆発

個性を際立たせるために、人とは違う自分だけのアイテムを持つこと。流行のものや人気アイテムではなく、自分が納得するもの、自分仕様にカスタマイズできるものを探すようにしましょう。

Destiny Code 9 バランサー

ラッキーアイテム　カバン／腕時計／ハーブ／観葉植物／旅の本

旅することで自己研鑽

動き回ること、人よりも多く経験をすることで、人生が豊かになるあなた。カバンや腕時計を持って旅することで積極性を高め、自宅にはハーブや観葉植物を置くと癒しや成長をもたらしてくれます。

あなたのラッキーフードは？

栄養面とはまた別の効果を発揮するラッキーフードは、Destiny Codeごとに存在しています。ここを参考にして食生活を変えるだけで、人生全体が劇的に良くなっていくかもしれませんよ。

Destiny Code 1 チャレンジャー

ラッキーフード おにぎり／ポテトサラダ／卵焼き／ピザ／ラーメン

炭水化物はあなたの動く原動力

あちこち動き回る活発なタイプなので、腹持ちがよい炭水化物をしっかり食べることが大切です。持ち歩きやすいおにぎりは、あなたにとっての最強フード。炭水化物を効率よく摂取しましょう。

Destiny Code 2 マジシャン

ラッキーフード かき氷／創作料理／キッシュ／カレーライス／納豆

自分だけのオリジナルレシピを考案

ひらめきに優れたタイプなので、創作料理に挑戦すると絶品を生み出せるでしょう。毎回レシピを考えるのが大変なら、キッシュやカレーのようにトッピングをしたり、アレンジできるものがよし。

Destiny Code 3 ティーチャー

ラッキーフード 味噌汁／蕎麦／サバ味噌／精進料理／刺身／漬物

和食で心身をリフレッシュ

物事に対して本質や原点を知りたい気質があるので、和食や伝統を感じさせる食べ物がラッキーフードとなります。栄養面でも優れたものばかりなので、心身ともに自然と洗練されていきます。

Destiny Code 4 クイーン

ラッキーフード トリュフ／お寿司／フカヒレ／カニ／キャビア

見た目も食材もゴージャスに

ゴージャスな生き様で視線を釘付けにするあなたには、高級な食材を使った食べ物が◎。見た目も豪華絢爛なものにこだわるのがポイントです。いいものを食べている、という自信を持ちましょう。

第6章 開運 あなたのラッキーフードは？

Destiny Code 6 メッセンジャー

ラッキーフード 野菜スティック／スムージー／うどん／もずく酢／おひたし／クスクス／パスタ／そば

麺類で人間関係を円滑に

野菜スティックやスムージーなど健康志向の食生活をメインにすると、運気が高まっていきます。麺類は人間関係をスムーズにするものなので、人との縁が何より大切なメッセンジャーにオススメ。

Destiny Code 5 キング

ラッキーフード 焼き肉／ステーキ／餃子／ハンバーガー／チョコレート

肉食でエネルギーを充填

王様だからといって高級品にこだわらず、焼き肉やステーキなどスタミナをつけるガッツリとした食べ物でエネルギー補給を。また頭の回転をよくするチョコレートも、仕事を頑張るあなたにオススメ。

Destiny Code 7 ラバー

ラッキーフード ケーキ／マカロン／果物／マシュマロ／フォアグラ

スイーツで愛情面を高める

ケーキやマカロンといった女性ウケのいい食べ物は、魅力や愛情運を高めてくれるラッキーフード。栄養価が高くてカロリーが低い果物や、美容効果の高いフォアグラもオススメです。

Destiny Code 9 バランサー

ラッキーフード もつ鍋／チーズフォンデュ／焼き肉／キムチ

火の気でネガティブを吹き飛ばす

思慮深い性格が災いして、考えすぎてネガティブになりがちなあなた。火の気を持つエネルギーをチャージすることで前向きになれるように。焼き肉とキムチはまさにベストマッチなメニューです。

Destiny Code 8 ファイター

ラッキーフード フライドポテト／スーパーフード／アサイーボウル／グラタン／玄米

大地のエネルギーで強く生き抜く

強く生きることがキーワードな根っからの戦士は、大地のエネルギーを持つ食べ物で粘り強く過ごせるようになります。フライドポテトや玄米といった穀物を中心に食べて、戦う力を蓄えましょう。

第6章 開運 あなたのラッキーフードは？

あなたのラッキーファッションは?

ファッションはただ着飾るだけではなく、アイテム選びひとつであなたの魅力を何倍にも高めてくれます。自分に合うファッションアイテムはどのようなものなのか、しっかり確認しましょう。

Destiny Code 2 マジシャン

ラッキーファッション レザーアイテム／ピアス

シンプルながらも雰囲気は抜群に

お洒落感を演出するレザーと、存在感のあるピアスは醸し出す雰囲気を高めてくれるので、男性にも女性にもオススメのアイテム。デザインはシンプルでも、十分な効果を発揮してくれます。

Destiny Code 1 チャレンジャー

ラッキーファッション 白いシャツ／ジャケット／カジュアルスタイル

さわやかで優しいコーデが◎

男性は、白いシャツがオススメ。デニムやジャケットと合わせて爽やかなコーデを心掛けて。女性は、強くなりすぎないカジュアルファッションが◎。清楚なスタイルもチャレンジしてみましょう。

Destiny Code 4 クイーン

ラッキーファッション スカート／スキニーパンツ／ジュエリー／パール

体のラインを見せて魅力を強調

男女ともに、スキニーパンツのように体のラインが見えるものが異性からの関心を引きつけ、愛情運の向上につながります。女性ならスカート、男性はユニセックスなアイテムも取り入れましょう。

Destiny Code 3 ティーチャー

ラッキーファッション シャツ／カバン／着物などの和服

清潔感と品性をしっかり演出

品性が大切なあなたは、ピシッとしたシャツの着用が◎。派手な柄ではなく、白や薄い色などが特にオススメです。カバンのように人目につくものも、綺麗だったり清潔感があるものだとよし。

第6章 開運 あなたのラッキーファッションは?

Destiny Code 6 — メッセンジャー

ラッキーファッション ニット／Tシャツ／セーター

肌触りのよさで人間関係も円滑に

人とのつながりが幸運を引き寄せるメッセンジャーは、温もりを感じさせる肌触りのいいアイテムがキーワードに。ニットセーターと、インナーに着心地のいいTシャツという組み合わせがベスト。

Destiny Code 5 — キング

ラッキーファッション ネックレス／ライダースジャケット／スーツ

キリッと締めてカリスマ性アップ

光り輝くネックレスは、溢れ出すあなたの魅力をさらに高める魔法のアイテム。また、キリッと見えるライダースジャケットはカリスマ性を高めてくれるので、人が多い場所に行くときに着ましょう。

Destiny Code 7 — ラバー

ラッキーファッション パーカー／ハイヒール

可愛さを全面に押し出す

愛される力に優れているラバーは、オーバーサイズのパーカーをゆるく着るのがオススメ。女性ならヒール、男性も厚底のブーツを履いて、足元から攻めていくとさらにオーラは輝いていきます。

Destiny Code 9 — バランサー

ラッキーファッション デニム／スカーフ／ストール

アイテムの使い方で個性を表現

デニム素材のアイテムやスカーフなど、履き方もしくは巻き方ひとつで個性が出せるものが、あらゆる環境に対応できるあなたにはぴったり。TPOに合わせてアイテム選びをすることが重要です。

Destiny Code 8 — ファイター

ラッキーファッション チェックシャツ／カーディガン

優しい印象を与える

インパクトがあるチェックシャツや優しい印象を与えてくれるカーディガンは、性格が強気なあなたの印象を和らげてくれます。色使いもおとなしめのものを選ぶと、より効果的になります。

第6章 開運 あなたのラッキーファッションは？

あなたのラッキーインテリアは？

1日の多くを過ごすことになるお部屋のインテリアは、あなたの運気の根幹を成しているといえます。リラックスや運気アップなど、さまざまなラッキーインテリアを探っていきましょう。

Destiny Code 2 マジシャン

ラッキーインテリア ディフューザー

嗅覚を刺激して直感力上昇

五感を刺激することで直感力を高めていくことが、マジシャンには重要な意味を持ちます。とくに目には見えないものを感じる嗅覚を高める意味でも、好きな香りを嗅げるディフューザーが最適です。

Destiny Code 1 チャレンジャー

ラッキーインテリア ベッド

上質なベッドで快眠を

体力の消耗が激しいあなたは、上質な眠りをサポートしてくれるベットにこだわりましょう。パイプベッドのような安物は避け、しっかりしたものを選ぶこと。上掛けの布団も良質なものをチョイス。

Destiny Code 4 クイーン

ラッキーインテリア 鏡

見られていることをつねに意識

自然と周囲からの注目を集めるので、鏡を毎日見てつねに自分磨きを意識しましょう。顔だけが映るような小さいものだけではなく、全身の状態を確認できる姿見もあるとより意識が高まります。

Destiny Code 3 ティーチャー

ラッキーインテリア 時計

時計を頼りに計画的に行動

計画的に行動したいあなたの部屋には、時計の存在は欠かせません。どこにいても目につくような場所に飾るようにしましょう。デザインよりも機能性（時間の正確さ）を重視するのがベターです。

第6章 開運 あなたのラッキーインテリアは？

Destiny Code 6 — メッセンジャー

ラッキーインテリア 観葉植物

観葉植物でストレス軽減

自分の気持ちを抑えて他人を優先するタイプなので、ストレスが溜まりがちに。そんなときこそ、癒しを与えてくれる観葉植物はピッタリ。玄関の近くに置いておくと、疲れて帰宅したときに効果あり。

Destiny Code 5 — キング

ラッキーインテリア ソファ

どっしり座って自信アップ

ゆったり座れるソファは、あなたに自信と安定感をもたらしてくれます。家にいる時間の多くをそこで過ごすことになるので、多少奮発してでも質の高いものを買うようにしましょう。

Destiny Code 7 — ラバー

ラッキーインテリア 間接照明

お洒落な照明でムードづくり

間接照明をお洒落なものに変えておくと、思わず誰かを家に招待したくなります。気になる人ができたときに活用してみましょう。もし失恋をしたときは、間接照明を変えて気分転換を図るとよし。

Destiny Code 9 — バランサー

ラッキーインテリア 絵画

アートに囲まれセンスを刺激

アートに囲まれて生活することで、あなたのセンスにさらなる磨きがかかっていきます。つねに新たな感覚を刺激できるように、さまざまな作家や作風の絵画を飾るようにしましょう。

Destiny Code 8 — ファイター

ラッキーインテリア キャンドル

キャンドルで一時の休息を

戦い続けることが人生の多くを占めるあなたは、ゆらゆらと揺れるキャンドルの火を見ることで心がリラックスできるでしょう。1日の終わりに見るようにすれば、明日への活力が復活します。

第6章 開運 あなたのラッキーインテリアは？

あなたのラッキースポットは？

貴重なお休みの日は、どこかに足を運びたくなるもの。これまで通り趣味を満喫するのもいいですが、未知なるラッキースポットへ赴いて自分を高めてみるのもいいでしょう。

Destiny Code 2 マジシャン

ラッキースポット：映画館／美術館

芸術に触れられるスポット

映画館や美術館などの芸術に触れられるスポットは、クリエイティブな分野における引き出しを増やしてくれます。映画はあえて普段見ないジャンル、今まで敬遠していた作品などを観てみましょう。

Destiny Code 1 チャレンジャー

ラッキースポット：サウナ／温泉／遊園地

汗をかいたり、散歩できる場所

健康的に汗をかくことで運気アップ。サウナや温泉で汗を流したり、運動に励むことも◎。遊園地やテーマパークなどをゆっくり散歩したり、絶叫マシンなら思いっきりストレス発散できます。

Destiny Code 4 クイーン

ラッキースポット：ラグジュアリーな空間／流行のスポット

流行に乗って感性を磨く

派手さやトレンドを感じられるスポットに行くことで、強運を導く感性が磨かれるでしょう。またラグジュアリーな空間も、クイーンとしての気品や高貴さを高めてくれるので足を運びましょう。

Destiny Code 3 ティーチャー

ラッキースポット：図書館／旅館

本を読んで知識を蓄える

さまざまな知識を増やせる図書館は、探究心が成功の糧となるあなたに必要不可欠な場所。疲れを癒したいと思ったときは、老舗旅館のように長い歴史を感じさせる場所に行くのがオススメです。

第6章　開運　あなたのラッキースポットは？

メッセンジャー *Destiny Code 6*

ラッキースポット イベント会場／家

イベント会場に良縁あり

イベント会場に行くことで、公私ともに色々な縁に巡り会える兆しあり。興味のあるイベントがあったら、少し遠くても足を運びましょう。生活空間を大切にするため、家でゆっくり休むのも吉。

キング *Destiny Code 5*

ラッキースポット ブランド店／高層階

ブランド店でステータス向上

自分のステータスを上げてくれる、有名ブランド店に行くと運勢全体が◎。またビルの高層階など高いところに行くことで、上昇の機運が高まり大きな目標にも一歩近づけるようになります。

ラバー *Destiny Code 7*

ラッキースポット カフェ／パーティー

お洒落スポットで気分転換

お洒落なカフェや華やかなパーティー会場は、あなたの気分を上げてくれるラッキースポット。元気が出ないときや良くないことが続いている時期にこそ、そういった場所で気分転換を図りましょう。

第6章 開運 あなたのラッキースポットは？

バランサー *Destiny Code 9*

ラッキースポット プラネタリウム／お寺

非日常な空間を探訪

神秘的な空間やスピリチュアルなスポットに縁があるため、プラネタリウムや寺社仏閣のように非日常感を味わえる場所は最適。御朱印集めのように色々な場所を訪ねる趣味を始めてもいいかも。

ファイター *Destiny Code 8*

ラッキースポット スポーツジム／お風呂

汗を流して気持ちをリフレッシュ

モヤモヤした時は身体を動かすことで、解消されそう。いつでも全力で頑張って疲れを溜め込みやすいタイプなので、お風呂で心と身体をリラックスさせることが人生を成功させるのに欠かせません。

あなたのラッキーな旅先は?

国内外を問わず、あなたと相性抜群な旅先があるのです。どんな文化の国があなたに良い影響を与えてくれるのか……。次の旅行を計画する際に、ぜひ参考にしてみてください。

Destiny Code 2 マジシャン

ラッキーな旅先　フィンランド/アフリカ/ドバイ/パリ/沖縄/四国/北海道

独特な文化に刺激を受ける

独特の文化があり、芸術性が高い国へ行くとあなたの感性が磨かれます。ファッションや生活様式も個性的で、町並みを見るだけでも刺激を受けられます。日本なら北海道や沖縄などがオススメ。

Destiny Code 1 チャレンジャー

ラッキーな旅先　ハワイ/イタリア/スペイン/青森/福岡/鹿児島

情熱的で暖かい国で開放的に

情熱的でエネルギーがあふれる国や、太陽のパワーが強いスポットは、あなたを開放的にさせて運気がアップします。基本的には暖かい国や地方が吉。ただし、東北なら青森が良いでしょう。

Destiny Code 4 クイーン

ラッキーな旅先　フランス/トルコ/パラオ/伊豆/静岡/山梨/石川

憧れの国でステップアップ

フランスやパラオのように、皆が憧れる国やスポットに行くと運気アップ。華やかさがあり、行くだけでステップアップできるような話題の場所がオススメ。国内なら石川に行くのがいいです。

Destiny Code 3 ティーチャー

ラッキーな旅先　ブータン/スウェーデン/オーストリア/岩手/福井/島根

歴史のある国で知識欲を刺激

歴史を感じたり、学びを得られるような国はあなたの知識欲を大いに満たしてくれるでしょう。実際に訪れることが難しくても、その国のことを調べるだけで国民性や考え方などが勉強になるはず。

第6章　開運　あなたのラッキーな旅先は?

Destiny Code 6 メッセンジャー

ラッキーな旅先　インド／カナダ／スリランカ／ニュージーランド／ドイツ／新潟／京都／宮崎

特徴や自然のある場所へ

精神性が高かったり、独特な特徴のある国、またはナチュラルに自然を感じられるスポットに行くとより人に伝えたい想いが高まります。自分の学びたいことがある場所なら、そこを優先しましょう。

Destiny Code 5 キング

ラッキーな旅先　タイ／シンガポール／ラスベガス／韓国／大阪／東京／群馬

活気溢れる場所で運気アップ

活気に溢れて、経済成長を続けているような刺激のある場所や、世界中から人が集まってくる場所がキングの運気アップには最適。観光者の数が多いスポットを調べて、行ってみるといいでしょう。

Destiny Code 7 ラバー

ラッキーな旅先　ニューヨーク／サンフランシスコ／香港／ニューカレドニア／山形／名古屋／神戸

華やかさや流行に溢れた場所

華やかできらびやかな国や、流行のものが溢れていてスタイリッシュな国など、そこにいるだけでステータスになるようなスポットがオススメ。世界一美しいといわれるニューカレドニアもいいです。

第1章　開運　あなたのラッキーな旅先は？

Destiny Code 9 バランサー

ラッキーな旅先　ロサンゼルス／ブラジル／オーストラリア／奈良／岐阜／鎌倉／大分

長い歴史と文化に触れるのが吉

時代が変わっても文化を守り続けていたり、歴史と文化が根付いているスポットに運気向上のカギがあります。スピリチュアルなスポットとも相性がよく、国内なら奈良や鎌倉などがいいでしょう。

Destiny Code 8 ファイター

ラッキーな旅先　イギリス／中国／フィリピン／マウイ／モナコ／秋田／長崎／熊本

個性溢れる国で力を補給

文化やスタイル、ファッションも個性的で、ここにしか無いものが多い国や場所と相性が良好。お祭りがあったり、テンションが上がるような場所も、戦う活力を蓄えられるのでファイターにピッタリ。

あなたのラッキーストーンは？

持っているだけで不思議な力を与えてくれる石……いわゆる「パワーストーン」と呼ばれるものがあります。それらの中でも、とくに相性良好な石をDestiny Codeごとにお伝えします。

Destiny Code 1 チャレンジャー

ラッキーストーン ルビー

ルビーは勝利を呼び込む石

どんな高い壁でもチャレンジしていくあなた。ルビーをお守りにすることで、勝利を呼び込みます。女性ならアクセサリーで身につけて、男性ならネクタイピンなどの小物で取り入れましょう。

Destiny Code 2 マジシャン

ラッキーストーン アメジスト

マイナスをプラスに変換

ネガティブ思考を持つことで良くない影響が出てしまうあなたは、マイナスのエネルギーをプラスに変えることができるアメジストがオススメ。アクセサリーとして身につけると効果抜群です。

Destiny Code 3 ティーチャー

ラッキーストーン アクアマリン

人間関係を修復してくれる石

アクアマリンは、人間関係のすれ違いを正してくれるパワーストーン。コミュニケーションが大切なティーチャーにピッタリです。耐久性に優れているので、気軽に持ち歩いても問題ありません。

Destiny Code 4 クイーン

ラッキーストーン クリスタル

万能の力を持つ結晶

夢を叶える意味があり、ネガティブな気持ちを浄化してくれるという効果を持つ水晶。パワーストーンの中でもとくに万能性が高く、さまざまな形に加工して複数のアクセサリーにするのも効果的。

第6章 開運 あなたのラッキーストーンは？

Destiny Code 6 メッセンジャー

ラッキーストーン ムーンストーン

癒し効果で精神を安定させる

心を解きほぐして、大らかな気持ちにさせてくれるヒーリングストーン。どんな状況でも安らぎと癒しを与え、精神のバランスを整えてくれるので、完璧主義で気を張っているあなたには最適です。

Destiny Code 5 キング

ラッキーストーン ダイヤモンド

センスと才能に磨きをかける

磨けば磨くほど光るダイヤモンドを身につけることで、元々優れたセンスや才能もブラッシュアップされて光り輝いていきます。高級品ですが、小さなものでも効果は発揮されるので問題ありません。

Destiny Code 7 ラバー

ラッキーストーン ローズクォーツ

一途な愛の象徴

愛が人生における永遠のキーワードとなるので、大切な人との愛を深める一途な愛というメッセージを持つローズクォーツは運命の石といえます。毎日身につけると、結婚に繋がる出会いを導きます。

Destiny Code 9 バランサー

ラッキーストーン サファイア

人間力を大きく底上げ

公平性に優れたバランサーにとって、誠実さや慈愛の意味をもつサファイヤは、あなたの人間力を根底から上げてくれる効果があります。自分だけでなく、一緒に行動する仲間と使うのも効果的です。

Destiny Code 8 ファイター

ラッキーストーン エメラルド

強靭な忍耐力で戦う意志を

諦めないことがキーワードになるので、どんな逆境にも立ち向かい、忍耐力を高めてくれるエメラルドがベストパートナーに。割れてしまわないよう、身に着けるよりお守りとして使いましょう。

第1章 開運 あなたのラッキーストーンは?

あなたのラッキーハーブは?

芳醇な香りを放つハーブにはさまざまな効果があり、興味があってもどれを選べばいいか迷ってしまう人もいるのでは? そんなときこそ、自分だけのラッキーハーブを知っておくべきなのです。

Destiny Code 2 マジシャン

ラッキーハーブ ベルガモット

気分を高めて幸運を導く

いいことも悪いことも実現してしまう力を持つので、ベルガモットの香りで気分を上げると自然と幸せが舞い込んでくるように。アロマバスに使って、疲れたときの癒しとして使うのもあり。

Destiny Code 1 チャレンジャー

ラッキーハーブ ラベンダー

癒し効果で気持ちがリラックス

頑張りすぎは禁物です。ラベンダーには、気持ちを楽にしてくれるリラックス効果があります。ラベンダーのポプリを枕元やタンスに忍ばせたり、少量のアロマオイルを部屋に置いてみましょう。

Destiny Code 4 クイーン

ラッキーハーブ ローズ

憧れの魅力をさらに高みへ

周囲からの憧れの的となるクイーン。女性的な感性を刺激すると言われるローズを嗅ぐことで魅力がさらに輝いていきます。男性の場合も、異性の目を惹きつけることになるので効果は十分です。

Destiny Code 3 ティーチャー

ラッキーハーブ ローズマリー

ここ1番の集中力向上

興味のある分野を学ぶことで、人生が輝いていくあなた。ローズマリーには記憶力や集中力を高める作用があるので、ここ1番の頑張りたいときに効果を発揮するラッキーハーブとなるでしょう。

第6章 開運 あなたのラッキーハーブは?

Destiny Code 6
メッセンジャー

ラッキーハーブ イランイラン

疲れたときのリラックスに
柔軟な思考の持ち主ですが、疲れやストレスを溜めすぎると、凝り固まった頭になってしまうかも。ストレス解消やリラックス効果が期待できるイランイランが、苦しい状況を打破するきっかけに。

Destiny Code 5
キング

ラッキーハーブ カモミール

ひとりのときに安らぎを
どんなときも弱音を吐かない無敵キャラだからこそ、心身ともにゆっくり安らぐことができるカモミールがオススメ。誰も見ていないひとりのときに休息することで、いつでも強い王様でいられます。

Destiny Code 7
ラバー

ラッキーハーブ ジャスミン

美意識を高める香り
ジャスミンの花言葉である「優美、愛らしさ、官能的」は、全Destiny Codeの中でも突出して美意識の高いあなたにぴったり。自分磨きの気持ちを忘れないよう、定期的に使用しましょう。

Destiny Code 9
バランサー

ラッキーハーブ サンダルウッド

精神面に強力な働き
精神面に強く働きかけるサンダルウッドは、あなたが生まれながらに持つ独特のセンスや感性に、さらなる磨きをかける効果があります。嗅ぐだけでなく、ヘアケアやスキンケアに使うのも有効です。

Destiny Code 8
ファイター

ラッキーハーブ ペパーミント

過酷な日々に安穏の時間を
完璧主義で過酷な環境でも戦い続けるファイターのあなたは、緊張を和らげたりイライラを抑えてくれるペパーミントの香りが必須といえます。ほっと安らぐ時間をつくって次の戦いに備えましょう。

第6章 開運 あなたのラッキーハーブは？

あなたのラッキーチャンス時期は?

人生の中でもとくにチャンスが訪れやすい年齢が、タイプによって決まっているのです。いずれも3回あるので、近い年齢の人は訪れるチャンスを確認しながら準備をしておきましょう。

Destiny Code 2 マジシャン

ラッキーチャンス 23歳／36歳／47歳

強い気持ちが大成功の鍵

気持ちの状態が運命を大きく左右するのがマジシャンの特徴。この時期は、とにかくポジティブなことを強く願うことで、大成功しやすくなります。嫌なことや失敗は引きずらないように。

Destiny Code 1 チャレンジャー

ラッキーチャンス 22歳／35歳／46歳

パワフル時期には諦めない

夢に向かって真っ直ぐに突き進むことが信条のあなた。この時期はとてもパワフルなので、諦めなければどんなことも実現可能です。いつも以上に、新しいことにチャレンジしましょう。

Destiny Code 4 クイーン

ラッキーチャンス 25歳／38歳／49歳

愛と豊かさが最大限に発揮

クイーンのキーワードは、なんといっても愛と豊かさ。この時期はどちらにも恵まれハッピーに過ごすことができる兆しがあります。周囲の人との関係、とくに異性との交流に力を入れましょう。

Destiny Code 3 ティーチャー

ラッキーチャンス 24歳／37歳／48歳

好奇心のままに行動が吉

好奇心旺盛なあなたにとってこの時期は、やりたいことがたくさん増えてくるでしょう。色々なところに足を運ぶことで、運命的な出会いがあるだけでなく、新しいビジネスの可能性も広がりそう。

第6章 開運 あなたのラッキーチャンス時期は?

第6章 開運 あなたのラッキーチャンス時期は?

Destiny Code 6 メッセンジャー

ラッキーチャンス 27歳／40歳／51歳

大きなチャンスがめぐってくる

人間関係が大きなキーワードになるあなた。この時期は交友関係が広がったり、あなたのもとにビッグオファーが舞い込みそうです。その可能性を高めるために、アクティブに過ごすようにしましょう。

Destiny Code 5 キング

ラッキーチャンス 26歳／39歳／50歳

やる気に従う行動が成功の近道

成功するために生まれてきたといっても過言ではないキング。この時期は、フツフツとやる気に満ち溢れているので、そのマインドに従いチャレンジすることで、成果を上げられること間違いなし。

Destiny Code 7 ラバー

ラッキーチャンス 28歳／41歳／52歳

愛を求めて突き進むべし

愛のパワーが強いほど、どんな夢も叶えることができるのがラバー。この時期は、たくさんの人から惜しみない愛をもらえそう。失敗を恐れず突き進むことでチャンスを掴んでいきましょう。

Destiny Code 9 バランサー

ラッキーチャンス 30歳／43歳／54歳

やりたいことは遠慮しない

この時期はマルチな才能を発揮しやすく、どんなにやりたいことが多くてもバランスよくこなせるはず。とにかくやってみる精神で過ごすことで、人より多くのチャンスを活かせるようになるでしょう。

Destiny Code 8 ファイター

ラッキーチャンス 29歳／42歳／53歳

努力を怠らないことが夢の実現に

あなたはどんなことでもやり抜く姿勢が夢を叶える、努力が鍵となる人。この時期は、あなたがやり続けたことが評価されたり認められやすいです。だからこそ、途中で諦めたり手抜きはNGといえます。

あなたの恋愛運アップファッション

ここではラッキーファッションの中でも、恋愛運アップに特化したものを探っていきます。気になる異性がいる人や、恋人もしくは将来の伴侶を探している人は参考にしてみてください。

Destiny Code 1 チャレンジャー

恋愛運アップのファッション

男性	清潔感のあるさわやかな服装。白のカッターシャツ
女性	ナチュラルでフェミニンな女性らしさを感じさせる服装

男女ともにシンプルでクールなものを好む傾向がありますが、恋愛運アップには少しフェミニンな要素をいれると◎。男性はボタンや縁取りなどで、遊び心のあるシャツを選びましょう。

Destiny Code 2 マジシャン

恋愛運アップのファッション

男性	奇抜になりすぎない小物使い。着こなしを上手くアレンジ
女性	トレンドを取り入れて可愛さを演出する

独特のセンスの持ち主ですが、奇抜になりすぎ個性が強すぎる場合も。小物を上手く使ったり、着こなしをアレンジすることが大切。女性はトレンドをほどよく取り入れて可愛さを意識しましょう。

Destiny Code 3 ティーチャー

恋愛運アップのファッション

男性	大人カジュアルな落ち着きのある服装
女性	デコルテラインが強調されるセクシーなVネック

男性の場合は、溢れる気品を活かした大人っぽい服装がモテます。女性はきっちり屋さんのため首元までしっかりとしたものを着がちですが、あえてデコルテを見せ抜け感を出すことでモテ度上昇に。

Destiny Code 4 クイーン

恋愛運アップのファッション

男性	綺麗めでスタイルがよく見えるコートやジャケット
女性	体のラインがわかるセクシーさを感じさせる服装

男女どちらにも共通しているのは、身体のラインがわかる服装やスタイルがよく見えるコーディネートで、モテ度も運気もアップすること。色使いも落ち着きのあるものにするとベストでしょう。

第6章 開運 あなたの恋愛運アップファッション

Destiny Code 6 — メッセンジャー

恋愛運アップのファッション

男性	セットアップのように統一感のあるファッション
女性	肌がちら見えするような抜け感のある服装

人との関わりが特に多いので、個性を出すよりも統一感のあるコーデが万人ウケします。女性は恥ずかしがり屋のため、服が鎧のように肌を隠しがちですが、チラ見せするくらいが男心をくすぐります。

Destiny Code 5 — キング

恋愛運アップのファッション

男性	シンプルだけど高級感あふれるモノトーン系のアイテム
女性	透明感を感じさせるスカートや白のトップス

キングのあなたは高級感がテーマ。リッチなアイテムを取り入れることでオーラが高まり、異性をことごとく虜にしていきます。女性の場合は、透明感のあるアイテムがモテ度をアップさせます。

Destiny Code

Destiny Code 7 — ラバー

恋愛運アップのファッション

男性	自分の好みよりも異性からの目を意識
女性	可愛らしさを演出できるスカートや白ニット

つねに注目されている意識を持つことが大事なので、自分が好きなスタイルよりも異性から褒められるスタイルを追求しましょう。女性なら流行りのものを上手く取り入れたファッションがベスト。

Destiny Code 9 — バランサー

恋愛運アップのファッション

男性	シャツやジャケットなど綺麗系のファッション
女性	シンプルなデザインだけど存在感を感じさせるもの

男女ともに個性が強めなバランサー。あえて自分の好みからは脱却して、トレンチコートのように、ファッションはシンプルで万人ウケしやすいものだと、見え方のバランスが良くなります。

Destiny Code 8 — ファイター

恋愛運アップのファッション

男性	スキニーパンツなどスッキリとした印象的を与えるもの
女性	ふわふわした雰囲気の柔らかさがある服装

情熱タイプの男性は、体にフィットするファッションを選ぶと男らしさが上がるはず。女性は一見気が強そうな印象を与えるので、柔らかさや接しやすい印象を与えるファッションがオススメです。

第6章 開運 あなたの恋愛運アップファッション

あなたへのサクセスキーワードは？

行動の指針や気持ちの持ち方など、あなたに成功を導くキーワードをお伝えしていきましょう。普段から心がけることだけではなく、苦しいときこそ思い出すべきキーワードもありますよ。

Destiny Code 2 マジシャン

サクセスキーワード コツ／テクニック／個性／プランニング／ミラクル／引き寄せ力／イメージすること／信じる力

信じる気持ちで行動あるのみ

考えるよりも感じることが成功への道を切り開くあなたは、奇跡をイメージすることが大切です。しっかりと計画を練りつつも、自分の感性を信じて行動することで、失敗とは無縁な人生を送れます。

Destiny Code 1 チャレンジャー

サクセスキーワード 出発／再出発／旅行／やる気／元気／一目惚れ／行動力／なき道を自分でつくる／絶対／成り上がり

いつも気持ちはポジティブに

チャレンジ精神旺盛のあなたには、前向きに頑張る系のキーワードがぴったりです。ピンチのときには「絶対大丈夫！」と心の中で唱えてみましょう。ネガティブな気持ちは吹き飛ばして。

Destiny Code 4 クイーン

サクセスキーワード 実り／海外／玉の輿／セレブ／愛／上質／スイート／人生を謳歌する／主役

高い意識を持って人生を満喫

恋愛をきっかけに人生が上昇気流に乗りやすいクイーンなので、ステータスが高い人との関係はとても重要。海外旅行や上質なブランドなど、少しお金をかけてでも人生を楽しむことを心がけましょう。

Destiny Code 3 ティーチャー

サクセスキーワード 好奇心／知性／堅実／憧れの女性／上品／気品／素直な気持ち／教える

気品を忘れず好奇心を持つ

知識の探求者といえるティーチャーにとって、好奇心を持ち続けることこそ活力になります。ただ自分の興味に夢中になるだけでなく、上品な振る舞いや気品あふれる動きも意識しましょう。

第6章 開運 あなたへのサクセスキーワードは？

Destiny Code 6 メッセンジャー

サクセスキーワード: 尊敬／人に教える／支援／アドバイス／ヒーリング／癒し／支える／笑顔／喜び

人を助けて自らの活力に

困っている人にアドバイスしてあげたり、自分の知識で周りの人を助けてあげるなど、人のために行動することがあなたのキーワード。そういった行動から生まれる尊敬や笑顔も、大きな力になります。

Destiny Code 5 キング

サクセスキーワード: 支配力／権力／地位／達成／上昇志向／勝負／勝ち／目標達成

勝ち続けようとする強い意志

全タイプ中、人の上に立つ資質が最も高いキングの生き様を表すようなキーワード。とにかく上へ上へと向かう気持ちを持ち、どんな相手や状況であろうと負けない意志で向かいましょう。

Destiny Code 7 ラバー

サクセスキーワード: 恋愛／異性／運命的／電撃／発展／ロマンティック／ヒロイン／バラ色の日々

恋愛への意識が幸福の鍵

まさに恋愛にまつわるキーワードが、ラバーの幸せに繋がるものに。異性との出会いを意識して、ロマンスを求める気持ちを持ち続けましょう。運命を感じたら、ためらわずに行動するのが吉です。

Destiny Code 9 バランサー

サクセスキーワード: 両立／正義感／平等／バランス／センス／直感力／慈愛の心

他者に尽くして行動する

公平な気持ちで行動すること、ふたつのものを成立させることがバランサーにとって欠かせないキーワードに。自分のことではなく他者を優先し、尽くす気概で行動すると運気アップにつながります。

Destiny Code 8 ファイター

サクセスキーワード: 強気／合格／強運／前進／達成／自分で掴み取る／ブレない気持ち

強い気持ちと信念で進んでいく

闘争本能によって人生を切り開いていくファイターらしく、つねに前向きでいることが重要なキーワードに。迷いや不安に負けずに、自分の信念を曲げないで突き進めば、自ずと幸せをつかめます。

第6章 開運 あなたへのサクセスキーワードは？

あなたの仕事運アップの小物使い

日常生活で頻繁に使うことになる小物には、実は仕事運アップとの密接な関係が隠されているのです。今まで何気なく使っていたものも、違う意識を持って使うことで仕事も順調に進むはず。

Destiny Code 2 マジシャン

仕事運アップの小物 スマホ/スマホケース

情報発信源は大切に扱う

スマホは情報の送受信を行う公私両面で大切なもの。毎日肌身離さず持ち歩くものだからこそ、割れていたりケースがボロボロだと運気もダウン。発信力の強いあなたはこだわりのものを使いましょう。

Destiny Code 1 チャレンジャー

仕事運アップの小物 ネクタイ/スカーフ/ストール

仕事が出来る人風を装う

もともと仕事人間のあなた。キリっとした印象を与える、出来る人風に見えるアイテムは仕事運アップに繋がります。物理的に長いアイテムは、人間関係を結び、良い出会いをもたらすでしょう。

Destiny Code 4 クイーン

仕事運アップの小物 バッグやポーチ/ピアス

整理整頓して有事に対応

周囲から注目を集めやすいので、いざという時にサッと必要なものが取り出せたり、整理整頓されたポーチがあると愛され運と仕事運が同時にアップ。ピアスは人に流されないという魔除けの意味も。

Destiny Code 3 ティーチャー

仕事運アップの小物 腕時計/ペン

有能な印象をさらに高める

元々仕事ができるあなたの印象を、さらに上げてくれるのが腕時計。できる人間という雰囲気が、周囲からの評価に繋がるかも。お気に入りのペンを使うようにすると、仕事運もアップしていきます。

第6章 開運 あなたの仕事運アップの小物使い

メッセンジャー *Destiny Code* 6

仕事運アップの小物　スケジュール帳／ICカード（ケース）

多忙なスケジュールを管理

人との関わりが全タイプのなかでも特に多いあなた。どんな小さな予定でも、しっかりとスケジュール帳にメモしておくことで運気アップ。人脈を広げて動き回ることでマンネリも解消します。

キング *Destiny Code* 5

仕事運アップの小物　財布／名刺入れ

財布はつねに新しく

お金と一番縁があるタイプなので、古くなった財布を新調したり、手入れをしてあげることで金運もあがり、仕事も好調に。名刺入れもその人を表す大切なアイテム。上質なものにこだわりましょう。

ラバー *Destiny Code* 7

仕事運アップの小物　ネックレス／指輪

光るアイテムで注目を集める

自然と人からの注目も集めるあなた。ネックレスなどキラリと光るアイテムを取り入れることで、仕事でもスポットライトが当たるかも。恋をすることで仕事にも気合が入るので、愛を表す指輪もOK。

バランサー *Destiny Code* 9

仕事運アップの小物　靴／ヘアアクセサリー／帽子

帽子をアンテナに直感力アップ

もともと直感力が優れているので、帽子はさまざまな情報や感性をキャッチする力を高めるアンテナ代わりになります。靴は行動力と、幸せな道を歩むという意味があるので、つねに新調しましょう。

ファイター *Destiny Code* 8

仕事運アップの小物　専門書／ファイル／パソコン／タブレット

新たな知識をつねに吸収

自分だけの知識やスキルを持つことで評価されるからこそ、専門書を読んだり気になる記事をスクラップしておくなど、オリジナルの工夫を。電子書籍やすぐに検索できるタブレットもよし。

第6章　開運　あなたの仕事運アップの小物使い

あなたの金運アップの財布は?

お金を入れるのに財布を使わない、という人はほとんどいないはず。それだけお金と財布は切っても切れない縁でつながっています。どうも金運が良くないという人は、財布から変えてみましょう。

Destiny Code 2

マジシャン

金運アップの財布：黄色や金色の財布

イエローやゴールドで金運アップ

黄色や金色はお金のイメージ色で、金運アップの効力があります。さらにお金が定着しやすくもなるので貯蓄を考えている時にはより効果があると言えます。差し色のように入っているのも有効。

Destiny Code 1

チャレンジャー

金運アップの財布：整理整頓された財布／小銭orカード入れ

パンパンの財布にしないこと

財布の形や色よりも、いつでも中身の整理整頓を心掛けましょう。もらったレシートはすぐ取り出して整理したり、お札の向きを揃えるのも有効です。小銭入れやカード入れを使うのも◎。

Destiny Code 4

クイーン

金運アップの財布：デザイン性の高い財布

グレーのオシャレ財布で開運

柄や色が派手でデザインがオシャレな、周囲に差をつけられる財布が良いでしょう。黒には支出を抑える力、白には浄化の力があります。両方の効果を得られるグレーの財布でお金のめぐりは円滑に。

Destiny Code 3

ティーチャー

金運アップの財布：職人が手作りしたもの／歴史が深いブランド品

茶系統がオススメ

本物志向のあなたはこだわって作られたものや長い歴史を持つブランド品を使うことで金運アップを果たします。とくに茶色は〝土〟を表す色で、金を生むと言われているので茶系統のカラーがオススメ。

第6章　開運　あなたの金運アップの財布は?

Destiny Code 6 メッセンジャー

金運アップの財布 素材にこだわった財布

肌触りの良いベージュの財布が◎

シンプルで肌触りの良いものが運気を高めてくれます。実際に触れて確かめてみて、納得のできる財布を購入してください。ベージュは〝土〟を表し、お金を育てる性質があるので金運アップに最適。

Destiny Code 5 キング

金運アップの財布 高級な財布

リッチなアイテムが鍵

高価なアイテムで金運アップを果たせます。しかし逆に使い古されたものでは運気の低下を招くでしょう。財産を守ってくれる色と言われている黒の財布を使うと、無用な支出を抑えてくれます。

Destiny Code 7 ラバー

金運アップの財布 本革財布

牛革で貯蓄も完璧

上質な本革はあなたと相性がぴったりの、金運を高めてくれるアイテム。とくに牛革は豊かさの象徴で、お金を貯める効果が高いと言われています。欲しいもののために貯蓄を考えているならまず検討を。

Destiny Code 9 バランサー

金運アップの財布 個性のある財布

TPOに合わせて使い分けて

メインのものとサブのもの、TPOに合わせて財布を使い分け、外出時は必要な分だけを財布に入れて。高貴な色である紫には位を高めて金運を高める効果が。仕事運にも好影響で、お金の動きは活発に。

Destiny Code 8 ファイター

金運アップの財布 自分の好きな形／使い勝手にこだわった財布

こだわりのある一品を見つけて

色や形、使い心地など、こだわりを持っている一品によって金運アップ。クロコダイルやシャークスキンなど、素材やデザインが他とひと味違うものを選べば、さらに運気アップが見込めます。

第6章 開運 あなたの金運アップの財布は？

あなたに送る開運メッセージ

ここまでを総括して、今後のあなたの人生に開運をもたらすアドバイスを送らせていただきます。小さな意識改革から人生は大きく変わっていくので、理想の未来へ突き進んでいってください。

Destiny Code 1 チャレンジャー

あなたの一歩が道になる。リスクを恐れず行動を

ひとつのアクションで様々な転機をもたらすことのできる人。あなたへのキーワードは「行動力」「リスクを恐れない心」「開拓精神」です。チャレンジャーらしく新しいことや変化を恐れずにたくさんの挑戦をしましょう。様々な経験を積み重ねることで道が拓かれます。あなたのその一歩が、道になっていくのです。

Destiny Code 2 マジシャン

「感性」と「センス」で夢を実現。常識やルールに縛られないで

あなたは持ち前の「感性」と「センス」で誰もが羨むような夢を実現させられる人。誰かの作った常識やルールに行動や思考を制限されないでください。それらはあなたを縛るかせでしかありません。独自のアイディアや表現方法を発見することで唯一無二の存在となり、誰からも認められる存在になるでしょう。

Destiny Code ティーチャー

好奇心を栄養にして成長。「学ぶこと」で人生が豊かに

植物の種が時間をかけて芽を出して大きく成長するように、あなたは好奇心を栄養として成長していけるでしょう。いろいろなことに興味を持ち、「知り」、「学び」、「吸収」することで人生は豊かになっていきます。この生き方を誰かに教え、後世に受け継いでいくというのもあなたの立派な役割のひとつです。

Destiny Code クイーン

「豊かさ」と「美しさ」が大切。自分が楽しむことで理想を実現

あなたの人生にとって「豊かさ」と「美しさ」は何よりも大切な要素です。大きな愛と周囲を力強く引っ張っていくリーダーシップも併せ持っており、自分自身が思い切り人生を楽しむことで理想的な生活を手に入れることができるでしょう。我慢や遠慮は禁物です。自らの生きる道を自由に突き進んでください。

第6章 開運 あなたに送る開運メッセージ

メッセンジャー *Destiny Code 6*

縁の中で多くの幸せを発見。たくさんの人に必要とされる

あなたは人との縁の中でたくさんの幸せを見つけることができます。老若男女問わず、いろいろな人と出会い、思いを共有し、自分の経験や考えを教えたり、伝えることで豊かな人生を送っていけるのです。誰かをサポートして支えることもあなたの大切な役割。しっかりと全うできれば誰からも必要とされるでしょう。

キング *Destiny Code 5*

誰よりもチャンスに縁がある。目標が明確であれば成功は掴める

誰よりも成功とチャンスに縁がある人。だからこそやりたいことができない、夢がないというのは非常にもったいないこと。目標を明確にして行動を起こせば誰にも真似できないほどの成功を収めることができるでしょう。いついかなる時もあなたの人生の主役はあなた。自分の考えや行動に確固たる自信を持って。

ラバー *Destiny Code 7*

愛を育むことで幸せに溢れた人生に。嫉妬をせずにどれだけ楽しめるかが鍵

あなたの人生は愛でできていると言っても過言ではありません。多くの愛を育み、自分自身も愛する気持ちを高めることで幸せに満ち溢れた人生を送っていけるでしょう。なにごとも楽しむ気持ちを抱くのも大切なこと。誰かのことを羨ましがったり、妬ましく思ったりせず、自分の生活をどれだけ楽しめるかが重要です。

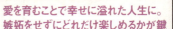

バランサー *Destiny Code 9*

多くの経験を積むことで人生が充実。自分の感性を大事に

人よりも多くの経験を積むことで2倍も3倍も人生を楽しく、豊かに変えていけるでしょう。自分の可能性を制限したりせず、失敗を恐れずにチャレンジしていく気持ちが大切。また、自分の感情に嘘をつかないのも重要なこと。誰かに合わせたり我慢するよりも、感性を大事にすることで本当に望む人生を送っていけます。

ファイター *Destiny Code 8*

自分のスタイルの確立で偉業達成。諦めない気持ちが最大の武器

ひとつのことを追求し、自分のスタイルをストイックに貫くことで誰も成し遂げられないような特別なことを達成できる人。だからこそ途中で投げ出したり、人任せにしないということを心に刻んでいてください。諦めない気持ちが最大の武器となって人生を支えます。あなたに越えられない壁などひとつもないのです。

第6章 開運 あなたに送る開運メッセージ

あとがき

この本を手に取っていただきありがとうございます。
僕達は占い×メンズ目線のアドバイスが少しでも悩んでいる人のヒントになればと思い、2017年10月10日、幸運の星と呼ばれる木星が移動した日にメンズ占いグループCode（コード）を結成しました。

そして、たくさんの鑑定をしていくなかで、それぞれの恋愛観や男女での意識の違いなどもたくさん見えてきました。そのうえで、Codeのメンバー同士で、モテる男女のポイントやLINE・SNSでの傾向などを話し合ったり、「もっとこうしたほうが良いのに！」と思うようなことをピックアップし、たくさんの人を鑑定・検証してみた結果、やっぱり思った通りの答えになったんです。

だからこそ、本当に大切なことは、まずはしっかり自分のことを知ること。仕事でも恋愛でも、自分に合ってない環境にいたり、周囲の期待に応えようと無理をしてしまっていたり、自分の思いと行動にギャップがあるなら必ずどこかでモヤモヤを感じてしまいます。そうならないように自分の強みと同時に弱点を知ることで、人と比べることなく、今まで以上に自分らしく過ごせ、良い運気の波に乗ることができるはずです。

今回は、師匠のイヴルルド遙華先生のオリジナルの占術でもあるマインドナンバー占いをCode風にアレンジし、「Destiny Code占い」として書きました。自分のことを知り、コラムでも書いているSNSの傾向や飲み会・仕事での振る舞いなど、少しでも参考にしていただければ幸いです。

小さなきっかけで人生を大きく動かすことができるはず。そんなきっかけをこの本の中で見つけていただけたらと思っています。

Code

著者紹介
Code（コード）
イヴルルド遙華に師事する、メンズ占いグループ。グループ名は、広げる、繋ぐ、暗号、の意味。誰かと誰かを繋ぐ、そして幸せになるための暗号を伝える存在でありたいと思い命名。占星術、風水、顔相、プラス男性目線からのアドバイスで人生や恋愛に悩める女性を幸せに導くお手伝いをするために結成された。【Instagram：code_7.official】

STAFF
編集 ──────── 株式会社ライブ（齊藤秀夫）
構成 ──────── 辻めぐみ
表紙デザイン ──── 成富俊英（I'll Products）
本文デザイン ──── 寒水久美子
DTP ───────── 株式会社ライブ
校正 ──────── 有限会社 玄冬書林

プロデュース ──── イヴルルド遙華

Destiny Code（デスティニーコード）ですべてがわかる　スゴい占い（うらない）

2019年4月1日　第1刷発行
2021年12月20日　第2刷発行

著　者　　Code（Produce by イヴルルド遙華）
発　行　者　　吉田 芳史
印　刷　所　　株式会社文化カラー印刷
製　本　所　　大口製本印刷株式会社
発　行　所　　株式会社日本文芸社
　　　　　　　〒135-0001　東京都江東区毛利2-10-18　OCMビル
　　　　　　　TEL　03-5638-1660（代表）
　　　　　　　©Code／NIHONBUNGEISHA 2019　Printed in Japan
　　　　　　　ISBN978-4-537-21679-0
　　　　　　　112190315-112211207Ⓝ02　（310040）
　　　　　　　URL https://www.nihonbungeisha.co.jp/

乱丁・落丁などの不良品がありましたら、小社製作部あてにお送りください。
送料小社負担にておとりかえいたします。
法律で認められた場合を除いて、本書からの複写・転載（電子化を含む）は禁じられています。
また代行業者等の第三者による電子データ化及び電子書籍化は、いかなる場合にも認められていません。
（編集担当：菊原）